LÍNGUA PORTUGUESA

MARCHA CRIANÇA

1º ANO

CB137926

Maria Teresa Marsico

Professora graduada em Letras pela Universidade Federal do Rio de Janeiro (UFRJ) e em Pedagogia pela Sociedade Unificada de Ensino Superior Augusto Motta. Atuou por mais de trinta anos como professora de Educação Infantil e Ensino Fundamental das redes municipal e particular no município do Rio de Janeiro.

Maria Elisabete Martins Antunes

Professora graduada em Letras pela Universidade Federal do Rio de Janeiro (UFRJ). Atuou durante trinta anos como professora titular em turmas do 1º ao 5º ano na rede municipal de ensino do Rio de Janeiro.

Armando Coelho de Carvalho Neto

Atua desde 1981 com alunos e professores das redes oficial e particular de ensino do Rio de Janeiro. Desenvolve pesquisas e estudos sobre metodologias e teorias modernas de aprendizado. É autor de obras didáticas para Ensino Fundamental e Educação Infantil desde 1993.

Agora você também consegue acessar o *site* exclusivo da **Coleção Marcha Criança** por meio deste QR code.

Basta fazer o *download* de um leitor QR code e posicionar a câmera de seu celular ou *tablet* como se fosse fotografar a imagem acima.

editora scipione

editora scipione

Diretoria de conteúdo e inovação pedagógica
Mário Ghio Júnior
Diretoria editorial
Lidiane Vivaldini Olo
Gerência editorial
Luiz Tonolli
Editoria de Anos Iniciais
Tatiany Telles Renó
Edição
Miriam Mayumi Nakamura e
Letícia Reys Scarp
Arte
Ricardo de Gan Braga (superv.),
Andréa Dellamagna (coord. de criação),
Gláucia Correa Koller (progr. visual de capa e miolo),
Cláudio Faustino (editor de arte) e
Casa de Tipos (diagram.)
Revisão
Hélia de Jesus Gonsaga (ger.),
Rosângela Muricy (coord.),
Heloísa Schiavo (prep.),
Ana Curci, Ana Paula Chabaribery Malfa,
Vanessa de Paula Santos,
Patrícia Travanca e
Brenda Morais (estag.)
Iconografia
Sílvio Kligin (superv.)
Claudia Cristina Balista (pesquisa),
Cesar Wolf e Fernanda Crevin (tratamento de imagem)
Ilustrações
ArtefatoZ (capa), Ilustra Cartoon e Mario Pita (miolo)

Direitos desta edição cedidos à Editora Scipione S.A.
Av. das Nações Unidas, 7221, 3º andar, Setor D
Pinheiros – São Paulo – SP – CEP 05425-902
Tel.: 4003-3061
www.scipione.com.br / atendimento@scipione.com.br

Dados Internacionais de Catalogação na Publicação (CIP)
(Câmara Brasileira do Livro, SP, Brasil)

Marsico, Maria Teresa
Marcha criança : língua portuguesa, 1º ano : ensino fundamental / Maria Teresa Marsico, Maria Elisabete Martins Antunes, Armando Coelho de Carvalho Neto. – 3. ed. – São Paulo : Scipione, 2015. – (Coleção marcha criança)
Bibliografia.
1. Português (Ensino fundamental) I. Antunes, Maria Elisabete Martins. II. Carvalho Neto, Armando Coelho de. III. Título. IV. Série.
15-03541 CDD-372.6

Índice para catálogo sistemático:
1. Português : Ensino fundamental 372.6

2017

ISBN 978 85 262 9606 0 (AL)
ISBN 978 85 262 9605 3 (PR)

Cód. da obra CL 738976

CAE 541 741 (AL) / 541 742 (PR)

3ª edição
5ª impressão

Impressão e acabamento
Brasilform Editora e Ind. Gráfica

Os textos sem referência são de autoria de Maria Teresa Marsico e Armando Coelho.

APRESENTAÇÃO

QUERIDO ALUNO, QUERIDA ALUNA,

PREPARAMOS ESTE LIVRO COM MUITO CARINHO ESPECIALMENTE PARA VOCÊ. ELE ESTÁ REPLETO DE SITUAÇÕES E ATIVIDADES MOTIVADORAS, QUE CERTAMENTE DESPERTARÃO SEU INTERESSE E LHE PROPORCIONARÃO MUITAS DESCOBERTAS. ESPERAMOS QUE COM ELE VOCÊ ENCONTRE SATISFAÇÃO NO CONSTANTE DESAFIO DE APRENDER!

AO FINAL DE CADA UNIDADE APRESENTAMOS A SEÇÃO **IDEIAS EM AÇÃO**. NELA, VOCÊ E SEUS COLEGAS COLOCARÃO EM PRÁTICA ALGUNS DOS CONHECIMENTOS ADQUIRIDOS NO DECORRER DE SEUS ESTUDOS.

ALÉM DISSO, COMO NOVIDADE, TEMOS A SEÇÃO **O TEMA É...**, TRAZENDO PARA VOCÊ TEMAS PARA DISCUTIR, OPINAR E CONHECER MAIS. DE MODO ENVOLVENTE, ESSA SEÇÃO PREPARARÁ VOCÊ E SEUS COLEGAS PARA COMPREENDER MELHOR O MUNDO EM QUE VIVEMOS.

CRIE, OPINE, PARTICIPE, APRENDA E COLABORE PARA FAZER UM MUNDO MELHOR. E LEMBRE-SE SEMPRE DE COMPARTILHAR SEUS CONHECIMENTOS COM TODOS À SUA VOLTA.

BONS ESTUDOS E
UM FORTE ABRAÇO,

MARIA TERESA,
MARIA ELISABETE
E ARMANDO

ArtefatoZ/Arquivo da editora

CONHEÇA SEU LIVRO

VEJA A SEGUIR COMO O SEU LIVRO ESTÁ ORGANIZADO.

UNIDADE

SEU LIVRO ESTÁ ORGANIZADO EM QUATRO UNIDADES. AS ABERTURAS SÃO EM PÁGINAS DUPLAS. EM **VAMOS CONVERSAR?** VOCÊ E SEUS COLEGAS DISCUTEM ALGUMAS QUESTÕES E CONVERSAM SOBRE A IMAGEM DE ABERTURA. EM **O QUE VOU ESTUDAR?** VOCÊ ENCONTRA UM RESUMO DO QUE VAI APRENDER EM CADA UNIDADE.

ATIVIDADES

SEÇÃO COM ATIVIDADES VARIADAS, NA QUAL VOCÊ PRATICA O CONTEÚDO DE CADA LIÇÃO

IDEIAS EM AÇÃO

ESTA SEÇÃO ENCERRA A UNIDADE. NELA, VOCÊ FAZ UMA ATIVIDADE PRÁTICA.

O TEMA É...

SEÇÃO QUE TRAZ TEMAS PARA VOCÊ DISCUTIR, OPINAR E APRENDER MAIS!

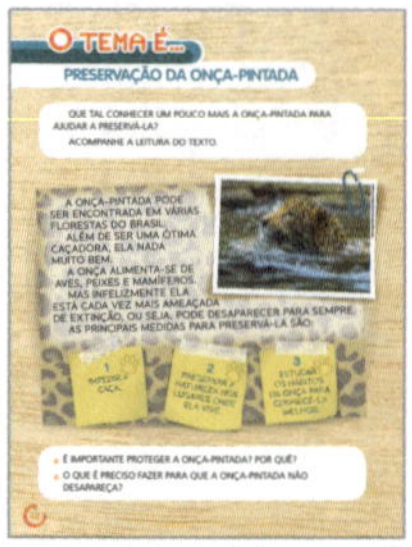

SUGESTÕES PARA O ALUNO

SELEÇÃO DE LIVROS, CDS E *SITES* PARA COMPLEMENTAR SEUS ESTUDOS E AMPLIAR SEUS CONHECIMENTOS.

MATERIAIS DE APOIO

PÁGINA +

NO FINAL DO LIVRO VOCÊ ENCONTRA UMA PÁGINA ESPECIAL, QUE DESTACA AS LETRAS DO ALFABETO.

HORA DA HISTÓRIA

MATERIAL DE LEITURA NO FINAL DO LIVRO, QUE TRAZ O CONTO **RAPUNZEL**.

ALFABETO MÓVEL

MATERIAL AVULSO PARA DESTACAR: LETRAS DO ALFABETO, SÍLABAS, ENVELOPES E MUITO MAIS.

LIVRO DE LEITURA

MATERIAL DE LEITURA AVULSO QUE TRAZ O CONTO **A FESTA NO CÉU** E A SEÇÃO **POR DENTRO DA HISTÓRIA**, COM ATIVIDADES.

ALMANAQUE DAS LETRAS

MATERIAL NO FINAL DO LIVRO, PARA VOCÊ TREINAR A ESCRITA DOS DIFERENTES TIPOS DE LETRAS.

QUANDO VOCÊ ENCONTRAR ESTES ÍCONES, FIQUE ATENTO!

ATIVIDADE ORAL

ATIVIDADE NO CADERNO

ATIVIDADE EM GRUPO

OED ESTE ÍCONE INDICA OBJETOS EDUCACIONAIS DIGITAIS (OEDS) RELACIONADOS AOS CONTEÚDOS DO LIVRO. ACESSE: <WWW.MARCHACRIANCA.COM.BR>.

SUMÁRIO

UNIDADE

1 MUNDO DOS SÍMBOLOS

VAMOS CONVERSAR?

- OBSERVE NA CENA SÍMBOLOS E PLACAS DE TRÂNSITO QUE VOCÊ CONHECE.
- VOCÊ ENCONTRA ALGUM DESSES SÍMBOLOS OU PLACAS NO SEU CAMINHO PARA A ESCOLA?

O QUE VOU ESTUDAR?

- AS DIVERSAS FORMAS DE COMUNICAÇÃO
- PLACAS E SÍMBOLOS
- ALFABETO E ORDEM ALFABÉTICA
- LETRA CURSIVA

Ilustra Cartoon/Arquivo da editora

LINGUAGEM POR TODO LADO

OBSERVE A CENA E PRESTE ATENÇÃO NOS CARTAZES E SÍMBOLOS QUE APARECEM NOS DIFERENTES LUGARES. O QUE CADA UM DELES QUER DIZER?

NA ESCOLA

Ilustra Cartoon/Arquivo da editora

NA RUA

OBSERVE A CENA ABAIXO. VOCÊ CONHECE ALGUMAS DESSAS PLACAS? SABE O QUE ELAS SIGNIFICAM?

Ilustra Cartoon/Arquivo da editora

ATIVIDADES

1 VOCÊ SABE O QUE SIGNIFICAM OS SÍMBOLOS A SEGUIR? ASSINALE OS SÍMBOLOS QUE VOCÊ CONHECE.

( )

( )

( )

( )

( )

( )

( )

( )

( )

Fotos: Banco de imagens/Arquivo da editora

2 VOCÊ VIU QUE PODEMOS USAR A ESCRITA OU AS IMAGENS PARA COMUNICAR NOSSAS IDEIAS.
AGORA USE UMA FOLHA DE PAPEL PARA CONTAR AOS COLEGAS COMO É A CASA ONDE VOCÊ VIVE. VOCÊ PODE DESENHAR OU ESCREVER.

O ALFABETO

OS SINAIS QUE USAMOS PARA ESCREVER SÃO AS **LETRAS**. VEJA O NOSSO ALFABETO MAIÚSCULO E MINÚSCULO:

A a	B b	C c	D d	E e	F f
G g	H h	I i	J j	K k	L l
M m	N n	O o	P p	Q q	R r
S s	T t	U u	V v	W w	X x
Y y	Z z				

AS LETRAS DO ALFABETO SÃO DIVIDIDAS EM DOIS GRUPOS: **VOGAIS** E **CONSOANTES**.

NA CENTOPEIA, AS CONSOANTES ESTÃO PINTADAS DE VERMELHO. PINTE AS VOGAIS DE AMARELO.

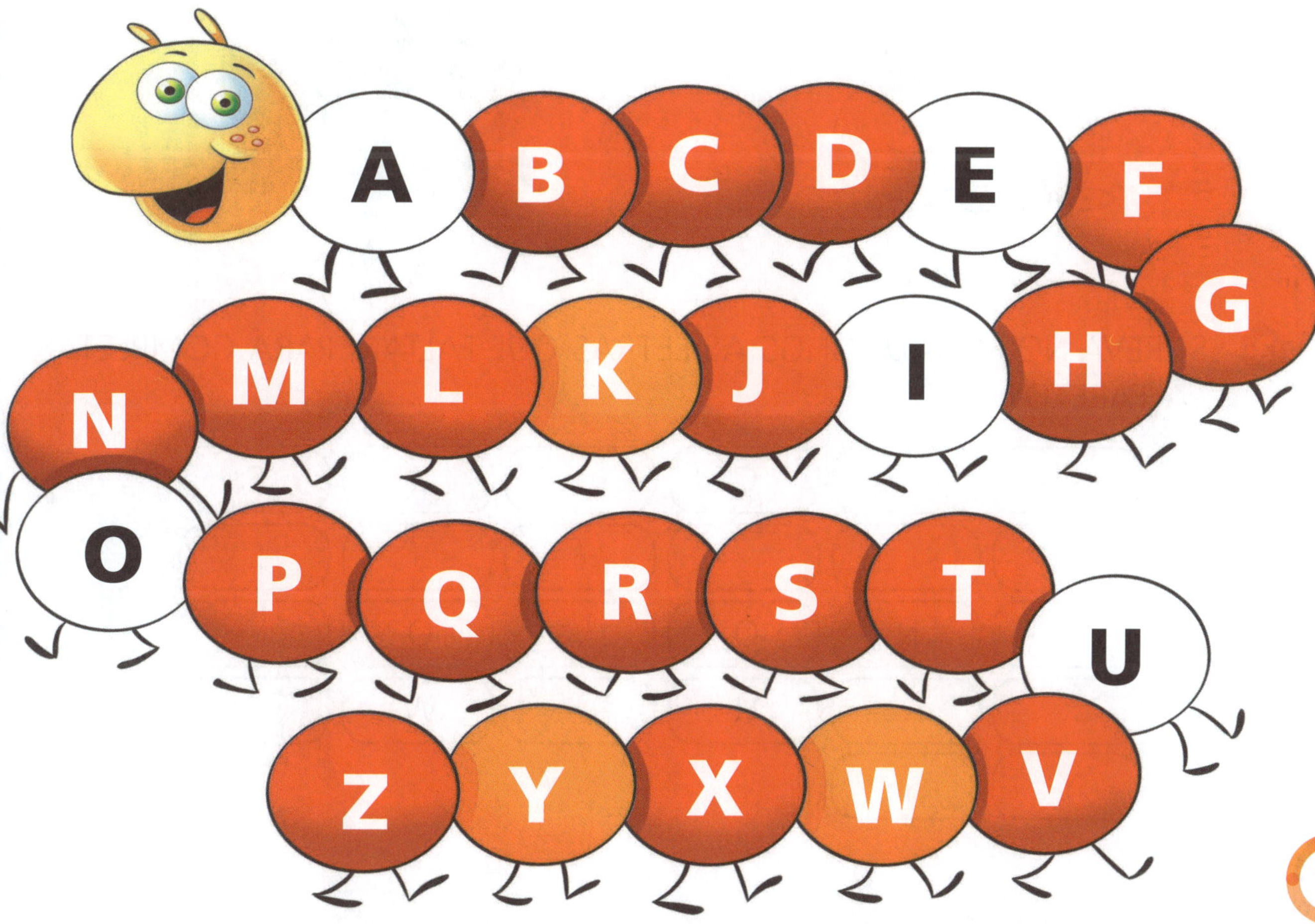

Ilustra Cartoon/Arquivo da editora

ATIVIDADES

1 FALE, EM VOZ ALTA, O TRAVA-LÍNGUA A SEGUIR.

> OLHA O SAPO DENTRO DO SACO.
> O SACO COM O SAPO DENTRO.
> O SAPO BATENDO PAPO,
> E O PAPO SOLTANDO VENTO.
>
> TRAVA-LÍNGUA POPULAR

- ESCREVA O NOME DO ANIMAL QUE ESTÁ DENTRO DO SACO. COLOQUE UMA LETRA EM CADA CÍRCULO.

2 ESCREVA A LETRA QUE ESTÁ FALTANDO EM CADA PALAVRA.

SA..............O

SA..............O

Ilustrações: Ilustra Cartoon/Arquivo da editora

3 ESCREVA NOS QUADRINHOS AS LETRAS QUE FALTAM PARA COMPLETAR O ALFABETO.

A		C		E	F
G			J		L
	N	O		Q	
		U		W	
Y					

LETRA CURSIVA

VOCÊ JÁ SABE QUE AS LETRAS PODEM SER ESCRITAS COM DIFERENTES FORMATOS. OBSERVE O ALFABETO EM LETRA DE FÔRMA E EM LETRA CURSIVA.

ALFABETO MAIÚSCULO

A	B	C	D	E	F	G	H	I
A	B	C	D	E	F	G	H	I
J	K	L	M	N	O	P	Q	R
J	K	L	M	N	O	P	Q	R
S	T	U	V	W	X	Y	Z	
S	T	U	V	W	X	Y	Z	

ALFABETO MINÚSCULO

a	b	c	d	e	f	g	h	i
a	b	c	d	e	f	g	h	i
j	k	l	m	n	o	p	q	r
j	k	l	m	n	o	p	q	r
s	t	u	v	w	x	y	z	
s	t	u	v	w	x	y	z	

ATIVIDADES

1 QUANDO ESCREVEMOS COM LETRA CURSIVA, LIGAMOS UMA LETRA À OUTRA. VAMOS ESCREVER?

irin-k/Shutterstock/Glow Images

Stepan Bormotov/Shutterstock/Glow Images

eZeePics Studio/Shutterstock/Glow Images

abelha | bola | melão

2 CIRCULE NO QUADRO ABAIXO SOMENTE NOMES DE PESSOAS.

Eduardo	escola	fada	Laura
dedo	Daniela	Fábio	mesa

- AGORA COPIE OS NOMES QUE VOCÊ CIRCULOU.

PARA QUE SERVEM AS LETRAS?

VEJA UMA PÁGINA DE UM ÁLBUM DE FIGURINHAS DE ANIMAIS E LEIA OS NOMES.

Ilustra Cartoon/Arquivo da editora

BURDE Photography/Shutterstock/Glow Images

URSO

john michael evan potter/Shutterstock/Glow Images

ELEFANTE

Rob Hainer/Shutterstock/Glow Imagest

LEÃO

Joe McDonald/Shutterstock/Glow Images

LEOPARDO

6

EM NOSSO ALFABETO EXISTEM 26 LETRAS. COM ESSAS LETRAS PODEMOS ESCREVER TODAS AS PALAVRAS, ENTRE ELAS O NOME DE OBJETOS, DE SENTIMENTOS, DE ANIMAIS E DE PESSOAS.

ATIVIDADES

1 OBSERVE AS LETRAS QUE FORMAM O NOME DESSES ANIMAIS.

RusticBoy/Shutterstock/Glow Images

FORMIGA

cleanfotos/Shutterstock/Glow Images

GATO

Michael C. Gray/Shutterstock/Glow Images

PEIXE

A) AGORA COMPLETE O QUADRO ABAIXO.

	LETRA INICIAL	QUANTAS LETRAS
RusticBoy/Shutterstock/Glow Images 		
cleanfotos/Shutterstock/Glow Images 		
Michael C. Gray/Shutterstock/Glow Images 		

B) QUAL ANIMAL ACIMA TEM O NOME COM O MAIOR NÚMERO DE LETRAS? ESCREVA O NOME DELE.

2 ACOMPANHE A LEITURA DA QUADRINHA.

O **A** É UMA LETRA
QUE SE ESCREVE NO ABC.
ALINE, VOCÊ NÃO SABE
QUANTO EU GOSTO DE VOCÊ!

QUADRINHA POPULAR

A) ESCREVA O SEU PRIMEIRO NOME NO QUADRO.

B) QUANTAS LETRAS VOCÊ USOU PARA ESCREVER O SEU NOME?

C) QUAL É A PRIMEIRA LETRA DO SEU NOME?

D) ESCREVA UMA PALAVRA QUE TAMBÉM COMECE COM ESSA LETRA.

A ORDEM ALFABÉTICA

ESCREVA A LETRA INICIAL DO NOME DE CADA FIGURA.

ABACAXI (......)

Davydenko Yuliia/Shutterstock/Glow Images

BANANA (......)

Ian 2010/Shutterstock/Glow Images

CAJU (......)

Iv Nikolny/Shutterstock/Glow Images

DADO (......)

Fotana/Shutterstock/Glow Images

ELEFANTE (......)

Talvi/Shutterstock/Glow Images

FORMIGA (......)

Tsekhmister/Shutterstock/Glow Images

GATO (......)

Deep OV/Shutterstock/Glow Images

HOMEM (......)

eurobanks/Shutterstock/Glow Images

IOIÔ (......)

Paul Burdett/Shutterstock/Glow Images

JACA (......)

ppattyShutterstock/Glow Images

KART (......)

Fedor Selivanov/Shutterstock/Glow Images

LÁPIS (......)

Everything/Shutterstock/Glow Images

MAÇÃ (......)

Dionisvera/Shutterstock/Glow Images

NAVIO (......)

FPI/Shutterstock/Glow Images

OVO (......)

Lepas/Shutterstock/Glow Images

PERA (......)

bergamont/Shutterstock/Glow Images

QUEIJO (......)

Kamenetskiy Konstantin/Shutterstock/Glow Images

RATO (......)

Pakhnyushchy/Shutterstock/Glow Images

SAPO (......)

Vitalii Hulai/Shutterstock/Glow Images

TANGERINA (......)

Nattika/Shutterstock/Glow Images

UVA (......)

Dmitri Beloconi/Shutterstock/Glow Images

VELA (......)

Vladvm/Shutterstock/Glow Images

WINDSURFE (......)

Oleg Golovnev/Shutterstock/Glow Images

XADREZ (......)

imagedb.com/Shutterstock/Glow Images

YAKISOBA (......)

Sakarin Sawasdinaka/Shutterstock/Glow Images

ZEBRA (......)

Anan Kaewkhammul/Shutterstock/Glow Images

ATIVIDADES

1 LEIA AS PALAVRAS DO QUADRO E PINTE A PRIMEIRA LETRA DE CADA UMA.

COCO	AMORA	BANANA

- AGORA COLOQUE AS PALAVRAS EM ORDEM ALFABÉTICA.

....

....

....

2 LIGUE OS PONTOS SEGUINDO A ORDEM ALFABÉTICA E DESCUBRA O DESENHO DO MAIOR ANIMAL TERRESTRE. DEPOIS ESCREVA O NOME DELE.

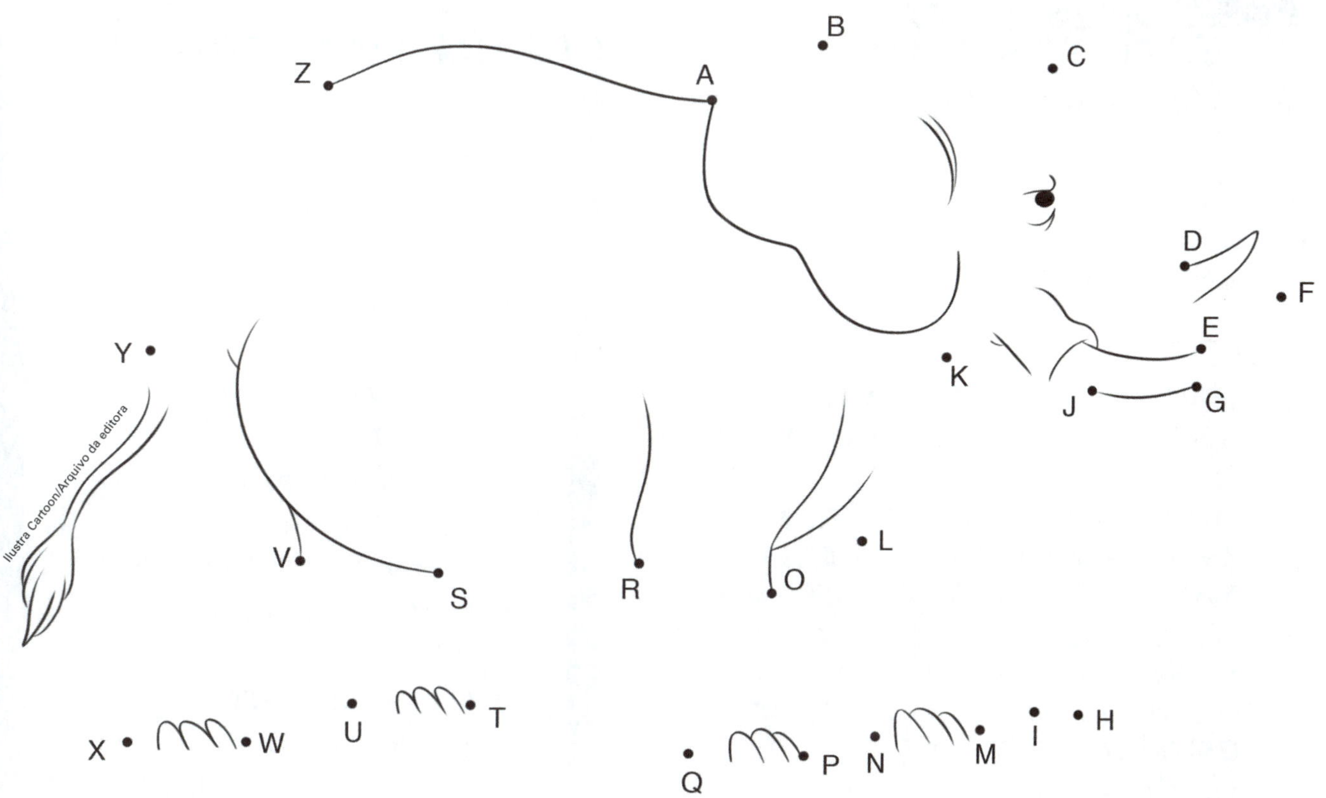

Ilustra Cartoon/Arquivo da editora

....

O TEMA É...

SEGURANÇA NO TRÂNSITO

Pavel L Photo and Video/Shutterstock/Glow Images

OS PEDESTRES TAMBÉM SÃO RESPONSÁVEIS PELA SEGURANÇA NO TRÂNSITO!

A DICA NÚMERO UM É QUE NENHUMA CRIANÇA DEVE ATRAVESSAR A RUA SOZINHA.

EM SEGUNDO LUGAR, É PRECISO PROCURAR UMA FAIXA DE PEDESTRE PARA FAZER A TRAVESSIA COM SEGURANÇA.

PLENARINHO. DISPONÍVEL EM: <WWW.PLENARINHO.LEG.BR/EDUCACAO/REPORTAGENS_PUBLICADAS/FIQUE-LIGADO-PEDESTRE>. ACESSO EM: 6 JUN. 2015.

- QUE CUIDADOS VOCÊ TEM AO ATRAVESSAR A RUA?

TRÂNSITO SEGURO

MATERIAL NECESSÁRIO:

- 1 MOEDA.
- 1 BOTÃO PARA CADA JOGADOR.

COMO JOGAR:

1. CONVIDE UM COLEGA PARA BRINCAR. JOGUE CARA OU COROA PARA VER QUEM COMEÇA.
2. CADA UM DOS JOGADORES JOGA A MOEDA NA SUA VEZ: SE DER CARA, ANDA UMA CASA; SE DER COROA, ANDA DUAS.
3. EM CADA CASA QUE CHEGAR, O JOGADOR ANOTA OS PONTOS QUE GANHOU OU PERDEU, DE ACORDO COM O QUADRO DE CONTAGEM DOS PONTOS.
4. VENCE QUEM CHEGAR AO FINAL COM MAIS PONTOS.

CONTAGEM DE PONTOS

- CASA **VERMELHA**: GANHA 1 PONTO.
- CASA **AMARELA**: GANHA 2 PONTOS.
- CASA **VERDE**: GANHA 3 PONTOS.
- PLACA **PROIBIDO ESTACIONAR**: PARA DE JOGAR POR UMA RODADA.
- PLACA **PARE**: PERDE 1 PONTO.
- PLACA **ÁREA ESCOLAR**: PERDE 2 PONTOS.
- PLACA **SIGA EM FRENTE**: AVANCE 3 CASAS.

Ilustra Cartoon/Arquivo da editora

IDEIAS EM AÇÃO

BRINCANDO COM QUADRINHAS

OED

VOCÊ JÁ PERCEBEU QUE AS LETRAS SÃO MUITO IMPORTANTES. COM ELAS PODEMOS ESCREVER TUDO O QUE QUISERMOS.

1. ESCUTE A QUADRINHA QUE O PROFESSOR VAI LER PARA A TURMA.

EU GOSTO DA LETRA **M**,
E GOSTO DO **B** TAMBÉM.
O **M** POR SER DO MEU NOME,
O **B** POR SER DO MEU BEM.

QUADRINHA POPULAR

Ilustra Cartoon/Arquivo da editora

- RECORTE LETRAS DE JORNAIS E REVISTAS E FORME UM NOME COMEÇADO COM A LETRA **M** E OUTRO COM A LETRA **B**.

  COLE OS NOMES FORMADOS POR VOCÊ NO QUADRO ABAIXO.

2. AGORA PRESTE ATENÇÃO NESTA OUTRA QUADRINHA.

LÁ NO ALTO DAQUELE MORRO
PASSA BOI, PASSA BOIADA,
SÓ NÃO PASSA A SOFIA
EM NOITE ENLUARADA.

QUADRINHA POPULAR

Ilustra Cartoon/Arquivo da editora

A) FAÇA UM **X** NO NOME QUE APARECE NA QUADRINHA ACIMA.

( ) SUSANA ( ) SOFIA ( ) SÍLVIO

B) NA SUA SALA TEM ALGUM ALUNO COM O NOME INICIADO COM A LETRA **S**? ESCREVA ESSE NOME NO QUADRO ABAIXO.

C) ESCREVA O NOME DE UM ANIMAL INICIADO COM A LETRA **S**. DEPOIS FAÇA UM DESENHO PARA REPRESENTÁ-LO.

D) DECLAME A QUADRINHA, TROCANDO O NOME **SOFIA** PELO NOME DOS COLEGAS DE CLASSE.

UNIDADE 2

MUNDO DAS PALAVRAS

VAMOS CONVERSAR?

- O QUE VOCÊ ACHA QUE AS CRIANÇAS ESTÃO FAZENDO?
- VOCÊ JÁ CONHECE ESSAS LETRAS? SABE O NOME DELAS?

O QUE VOU ESTUDAR?

- VOGAIS
- ENCONTROS VOCÁLICOS

Ilustra Cartoon/Arquivo da editora

ARARA
URSO

Lightspring/Shutterstock/Glow Images

- VOCÊ SABE O NOME DESTA BRINCADEIRA?

a A
a A

AMARELINHA
amarelinha
amarelinha

A **A**MARELINHA É UMA BRINCADEIRA INFANTIL TAMBÉM CONHECIDA POR OUTROS NOMES. VOCÊ CONHECE ALGUM DESSES NOMES? CONVERSE COM OS COLEGAS SOBRE ISSO.

ATIVIDADES

1 LEIA A QUADRINHA COM OS COLEGAS.

O **A** ESTÁ NA AMARELINHA
E TAMBÉM ESTÁ NA **A**R**A**NH**A**.
OLHA O **A** NO NOME DA **ANA**
E TAMBÉM NO DA **A**DRI**ANA**.

MARIA TERESA MARSICO

- NA TURMA TEM ALGUM ALUNO COM O NOME INICIADO COM A LETRA **A**? ESCREVA ESSE NOME NO QUADRO ABAIXO.

2 ENCONTRE NO NOME DA **ADRIANA** O NOME DA **ANA** E PINTE-O.

ADRIANA

3 DESCUBRA A RESPOSTA DESTAS ADIVINHAS. **DICA**: AS PALAVRAS COMEÇAM COM A LETRA **A**.

TEM ESCAMA,
MAS NÃO É PEIXE.
TEM COROA,
MAS NÃO É REI.

TEM DENTE,
MAS NÃO COME.
TEM BARBA,
MAS NÃO É HOMEM.

Ilustrações: Ilustra Cartoon/Arquivo da editora

Ilustrações: Ilustra Cartoon/Arquivo da editora

4 ACOMPANHE A LEITURA DO PROFESSOR.

A **SOLA** PERDEU O **A** E VIROU **SOL**.
QUE GANHOU UM **DA** E UM **DO** E VIROU **SOLDADO**.
QUE PERDEU O **SOL** E VIROU UM **DADO**.
QUE TROCOU O **A** PELO **E** E VIROU **DEDO**.
— TIRA O DEDO DA SOLA, MENINO!
NÃO! NÃO PÕE NO NARIZ!

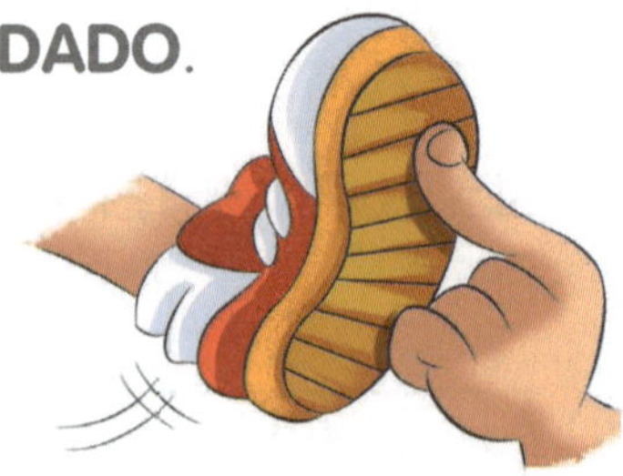

LETRAS SAPECAS: CADA LETRA NO SEU LUGAR, DE MARCIANO VASQUES. SÃO PAULO: PAULINAS, 2009.

- NAS PALAVRAS ABAIXO, TROQUE A VOGAL DESTACADA PELA VOGAL **A**. ESCREVA A NOVA PALAVRA E DESENHE-A NOS QUADROS.

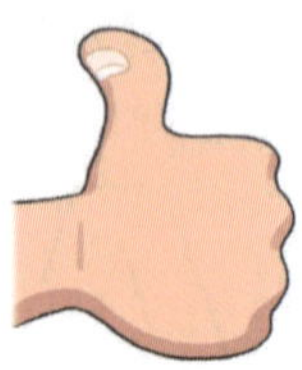

dedo

bolo

mola

5 COMPLETE O NOME DESTAS FRUTAS COM A LETRA **A** E COPIE-OS.

Alex Staroseltsev/Shutterstock/Glow Images

........B........C........TE

....

Dionisvera/Shutterstock/Glow Images

UV........

....

Valentyn Volkov/Shutterstock/Glow Images

L........R........NJ........

....

Maks Narodenko/Shutterstock/Glow Images

PER........

....

Lim Yong Hian/Shutterstock/Glow Images

GOI........B........

....

Kovaleva_Ka/Shutterstock/Glow Images

MEL........NCI........

....

- AGORA COMPLETE A CRUZADINHA COM O NOME DAS FRUTAS.

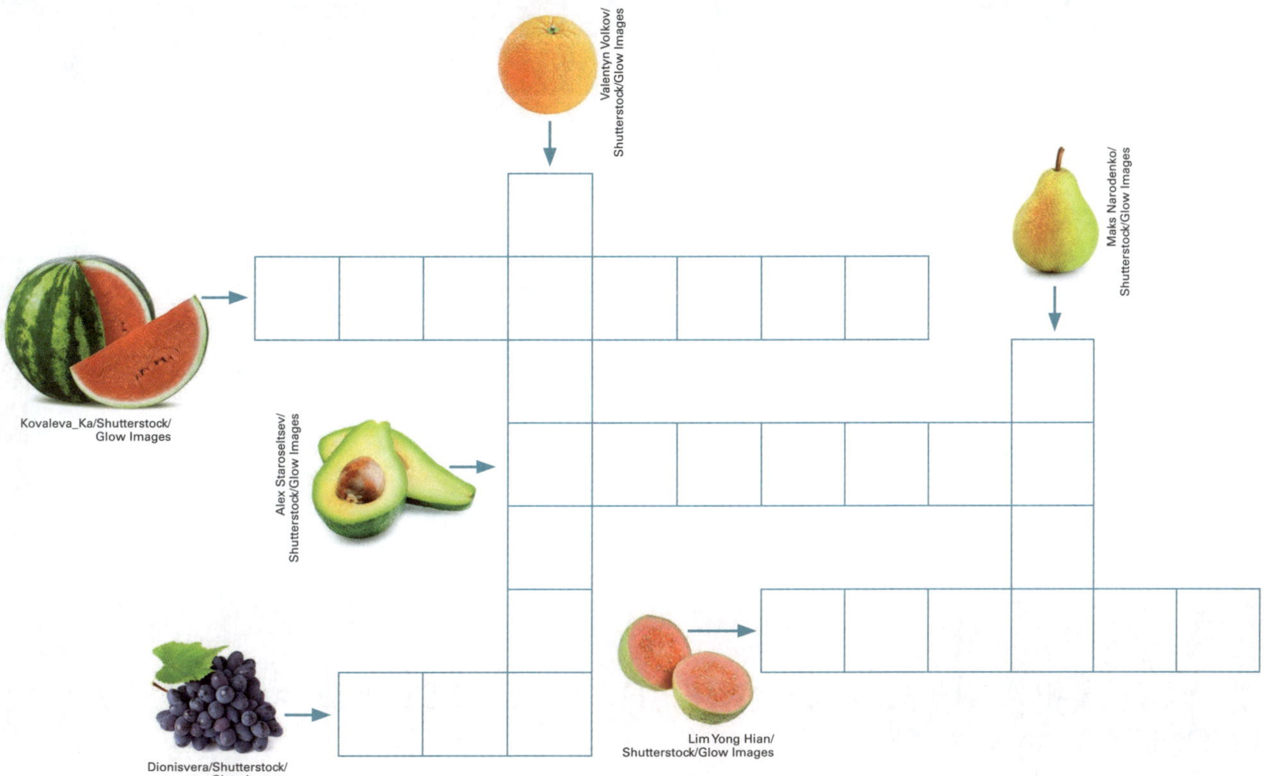

e E

Johan Swanepoel/Shutterstock/Glow Images

- VOCÊ SABE QUAL É O NOME DESTE ANIMAL?

e E	**E**LEFANTE
e E	**e**lefante
	elefante

VOCÊ SABIA QUE UM **E**LEFANTE AFRICANO PODE PESAR CERCA DE 1 TONELADA AOS 6 ANOS?

ATIVIDADES

1 ACOMPANHE A LEITURA DO TEXTO.

Ilustra Cartoon/Arquivo da editora

O ELEFANTE É GRANDE E PESADO POR NATUREZA.
MAS NEM POR ISSO O ELEFANTE É CORAJOSO, COM CERTEZA.
QUANDO É QUE O ELEFANTE DÁ UM PULO E UMA CAMBALHOTA?
QUANDO O ELEFANTE ENCONTRA UM RATINHO QUE SAIU DA TOCA.

BICHO LEGAL, DE LUCIA REIS. SÃO PAULO: PAULINAS, 2011.

A) PINTE NO TEXTO A PALAVRA **ELEFANTE**.

B) PINTE OS CÍRCULOS COM AS RESPOSTAS CORRETAS.

O ELEFANTE É:

◯ GRANDE E LEVE.

◯ GRANDE E PESADO.

◯ GRANDE E CORAJOSO.

O ELEFANTE TEM MEDO DO:

◯ GATO. ◯ PATO. ◯ RATO.

C) PINTE A CENA QUE MOSTRA O QUE O ELEFANTE FAZ QUANDO ENCONTRA UM RATINHO.

Ilustrações: Ilustra Cartoon/Arquivo da editora

2 CIRCULE TODAS AS LETRAS **E** QUE APARECEM NESTAS PALAVRAS.

ELEFANTE NATUREZA GRANDE PESADO

3 OBSERVE AS IMAGENS E ESCREVA AS LETRAS QUE FALTAM NO NOME DELAS. DEPOIS LEIA AS PALAVRAS EM VOZ ALTA.

Alaettin YILDIRIM/Shutterstock/Glow Images

Jiggo_thekop/Shutterstock/Glow Images

Gts/Shutterstock/Glow Images

BICICL..........T..........

..........SC..........D..........

C..........D..........RNO

4 CIRCULE A LETRA **E** QUE APARECE NO NOME DESTAS CRIANÇAS. DEPOIS ESCREVA OS NOMES NOS QUADROS.

ÉRICO

ELISABETE

Ilustrações: Ilustra Cartoon/Arquivo da editora

i l

Vibrant Image Studio/Shutterstock/Glow Images

- VOCÊ JÁ VIU OU VISITOU UMA ILHA? SABE O NOME DELA?

i l

i l

ILHA

ilha

ilha

A ILHA É UM PEDAÇO DE TERRA CERCADO DE ÁGUA POR TODOS OS LADOS.

ATIVIDADES

1 VOCÊ JÁ OUVIU FALAR DA ILHA DE PÁSCOA? ACOMPANHE A LEITURA DO TEXTO.

ILHA DE PÁSCOA

ESSA MISTERIOSA ILHA FICA NO CHILE. OS MORADORES QUE ESTÃO LÁ HÁ MUITO TEMPO SÃO BONECOS GIGANTES DE PEDRA: CHEGAM A TER 22 METROS DE ALTURA.

OS PESQUISADORES NÃO SABEM EXPLICAR COMO E QUANDO ESSAS ESTÁTUAS SURGIRAM LÁ.

DISPONÍVEL EM: <WWW1.FOLHA.UOL.COM.BR/FOLHINHA/DICAS/DI09011007.HTM>. ACESSO EM: 6 MAIO 2015.

Bryan Busovicki/Shutterstock/Glow Images

ESTÁTUAS DE PEDRA NA ILHA DE PÁSCOA.

A) CONTE QUANTAS LETRAS TÊM AS PALAVRAS ABAIXO E ESCREVA O NÚMERO NOS CÍRCULOS:

CHILE ◯ ILHA ◯ MISTERIOSA ◯

B) QUAL DESSAS PALAVRAS TEM MAIS LETRAS? COPIE-A.

....

- VOCÊ SABE O QUE ESSA PALAVRA SIGNIFICA? CONTE PARA OS COLEGAS.

C) E QUAL É A PALAVRA COM MENOS LETRAS? ESCREVA-A.

....

2 COMPLETE OS ESPAÇOS COM AS LETRAS QUE FALTAM E COPIE AS PALAVRAS.

9comeback/Shutterstock/Glow Images

Gualberto Becerra/Shutterstock/Glow Images

..........B..........C..........X..........

..........GU..........N..........

....

....

julialine/Shutterstock/Glow Images

Sabir Babayev/Shutterstock/Glow Images

P.......... ....X..........

P..........SC..........N..........

....

....

3 FALE EM VOZ ALTA O NOME DESTAS FIGURAS E CIRCULE AQUELAS QUE TÊM A LETRA **I** NO NOME.

Ilustrações: Ilustra Cartoon/Arquivo da editora

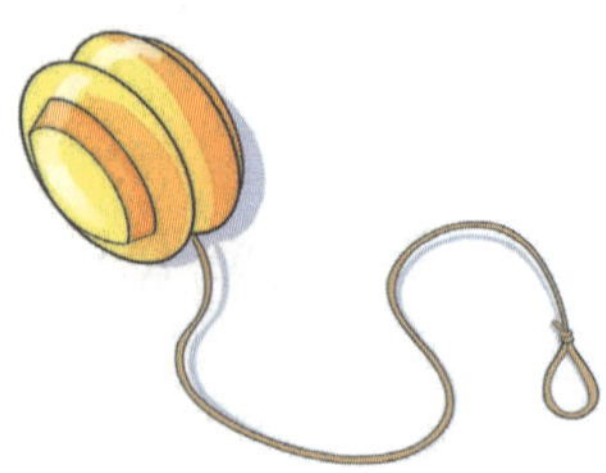

4 ACOMPANHE A LEITURA DO TEXTO.

MARIA ERA UMA MENINA
QUE RIA, QUE RIA, QUE RIA.
QUANDO O DIA SURGIA
MARIA RIA QUE RIA.
SE UM BICHINHO NASCIA
MARIA RIA, QUE RIA.

MARIA QUE RIA, DE ROSINHA. SÃO PAULO: LAROUSSE JÚNIOR, 2010.

A) CIRCULE AS PALAVRAS EM QUE APARECE A LETRA **I**.

B) QUAL É O NOME DA MENINA?

....

C) A PALAVRA **RIA** ESTÁ DENTRO DO NOME **MARIA**. PINTE-A.

MARIA

5 ACOMPANHE A LEITURA DO TRAVA-LÍNGUA. DEPOIS CIRCULE AS PALAVRAS QUE COMEÇAM COM A LETRA **I**.

IRENE RIA DE IARA
IARA FICAVA IRADA
IRENE IMAGINA IARA
DANDO UMA LINDA RISADA

ABC DO TRAVA-LÍNGUA, DE ROSINHA.
SÃO PAULO: EDITORA DO BRASIL, 2012.

Ilustrações: Ilustra Cartoon/Arquivo da editora

A) DE QUEM IRENE RIA? ESCREVA O NOME DESSA PESSOA.

....

B) COMO IRENE IMAGINA IARA? FAÇA UM DESENHO NO CADERNO PARA MOSTRAR O QUE IRENE IMAGINOU.

o O

Julian W/Shutterstock/Glow Images

VOCÊ SABE QUAL É A UTILIDADE DAS PINTAS DA ONÇA-PINTADA?

o O

o O

ONÇA

onça

onça

A **O**NÇA-PINTADA VIVE NA FLORESTA E É UM ANIMAL DA FAUNA BRASILEIRA.

SUAS PINTAS A AJUDAM A SE CAMUFLAR NA NATUREZA.

ATIVIDADES

1 LEIA O POEMA COM OS COLEGAS.

A ONÇA

MEUS AMIGOS, POR FAVOR,
NÃO RIAM NEM VÃO EMBORA.
A ONÇA ACORDOU PINTADA,
PINTADA DE CATAPORA.

BICHOS DIVERSOS, DE ARISTIDES TORRES FILHO.
SÃO PAULO: SCIPIONE, 2008.

A) FAÇA UM **X** NO NOME DO ANIMAL QUE APARECE NO TEXTO.

( ) GATO ( ) ONÇA ( ) COELHO

B) CIRCULE NO TEXTO TODAS AS PALAVRAS QUE TÊM A LETRA **O**.

C) FAÇA UM DESENHO PARA MOSTRAR COMO A ONÇA ACORDOU. DEPOIS COMPLETE A FRASE COM A PALAVRA QUE FALTA.

A ONÇA ACORDOU PINTADA DE ....

2 ACOMPANHE A LEITURA DA QUADRINHA.

SUBI NO ALTO DA TORRE,
PARA VER ONDE O SOL DANÇOU.
AVISTEI O MUNDO INTEIRO,
SÓ NÃO VI O MEU AMOR.

QUADRINHA POPULAR

A) COMPLETE O NOME DAS FIGURAS.

S.........L

T.........RRE

Ilustrações: Ilustra Cartoon/Arquivo da editora

B) ESCREVA COM LETRA CURSIVA AS PALAVRAS QUE VOCÊ COMPLETOU.

3 O NOME DESTE MENINO TEM DUAS LETRAS **O**. COMPLETE O NOME DELE E ESCREVA-O COM LETRA CURSIVA.

Monkey Business Images

.........TÁVI.........

4 RECITE ESTA PARLENDA COM OS COLEGAS.

DEDO MINDINHO,
SEU VIZINHO,
PAI DE TODOS,
FURA BOLO,
MATA PIOLHO.

PARLENDA POPULAR

Ilustra Cartoon/Arquivo da editora

A) SEU PROFESSOR VAI DITAR ALGUMAS PALAVRAS DESSA PARLENDA. ESCREVA-AS ABAIXO COM LETRA CURSIVA.

B) AGORA CIRCULE NA PARLENDA AS TRÊS PALAVRAS QUE TÊM DUAS LETRAS **O**.

5 LIGUE AS PALAVRAS ÀS IMAGENS CORRESPONDENTES.

ÔNIBUS

ÓCULOS

OLHO

Shutterstock/Glow Images

Taina Sohlman/Shutterstock/Glow Images

pixbox77/Shutterstock/Glow Images

u U

Fabio Colombini/Acervo do fotógrafo

- O QUE VOCÊ SABE A RESPEITO DO URUBU?

u U
u U

URUBU
urubu
urubu

O **U**RUBU TEM UM PAPEL MUITO IMPORTANTE NA NATUREZA, POIS ELE SE ALIMENTA DE ANIMAIS MORTOS. ASSIM, ELE AJUDA A LIMPAR O AMBIENTE, RETIRANDO DELE OS RESTOS DE ANIMAIS EM DECOMPOSIÇÃO.

ATIVIDADES

1 ACOMPANHE A LEITURA DO POEMA. DEPOIS CIRCULE AS PALAVRAS QUE COMEÇAM COM A LETRA **U**.

UBALDO, O URUBU

O URUBU
UBALDO
USA SEMPRE
O MESMO
UNIFORME...
SERÁ QUE O TIRA
QUANDO DORME?
DU-VI-DE-O-DÓ!
VAI VER QUE
É POR ISSO
QUE ANDA
SEMPRE...
FE-DI-DE-O-DÓ!

Ilustra Cartoon/Arquivo da editora

O ABC DO DROMEDÁRIO, DE ALEXANDRE AZEVEDO.
SÃO PAULO: PAULINAS, 2011.

2 UBALDO É UM:

( ) URSO. ( ) URUBU. ( ) UIRAPURU.

3 QUANTAS VEZES A LETRA **U** APARECE NA PALAVRA **URUBU**? ( )

4 ESCREVA A PALAVRA **URUBU** COM LETRA CURSIVA.

5 ACOMPANHE A LEITURA DA QUADRINHA.

TATU É BICHO MANSO,
NUNCA MORDEU NINGUÉM;
AINDA QUE QUEIRA MORDER
O TATU DENTES NÃO TEM.

QUADRINHA POPULAR

A) CIRCULE A PALAVRA **TATU**.

B) ESCREVA COM LETRA CURSIVA A PALAVRA QUE VOCÊ CIRCULOU.

C) ASSINALE O TATU.

Christian Musat/Shutterstock/Glow Images

Nacho Such/Shutterstock/Glow Images

Steve Bower/Shutterstock/Glow Images

6 CIRCULE OS NOMES INICIADOS COM A LETRA **U**.

JULIANO	ÚRSULA	SUELI	RAUL
UBIRATAN	PAULA	ULISSES	RUI

- ESCREVA COM LETRA CURSIVA OS NOMES QUE VOCÊ CIRCULOU.

7 LEIA A ADIVINHA E DESCUBRA A RESPOSTA COMPLETANDO-A COM AS LETRAS QUE FALTAM.

> O QUE É, O QUE É?
> FOI FEITA PARA ANDAR,
> MAS NÃO ANDA.
>
> R.......... ....
>
> ADIVINHA POPULAR

8 VEJA ESTA LISTA COM O NOME DAS FRUTAS QUE SERÃO COMPRADAS NA FEIRA. COMPLETE O NOME DAS FRUTAS COM AS VOGAIS **A**, **E**, **I**, **O**, **U**.

Dan Kosmayer/Shutterstock/Glow Images

Ilustra Cartoon/Arquivo da editora

9 ADRIANA E TIAGO SE ARRUMARAM PARA PASSEAR. COMPLETE AS PALAVRAS COM AS VOGAIS **A**, **E**, **I**, **O**, **U** PARA SABER O QUE ELES USARAM.

Shutterstock/Glow Images

Shutterstock/Glow Images

ADRIANA

G..........RR..........

BL..........S..........

C..........CH..........C..........L

L..........V..........S

C..........LÇ..........

TIAGO

B..........N..........´

´..........C..........L..........S

C..........M..........S..........

C..........LÇ..........

T..........^N..........S

O TEMA É...

PRESERVAÇÃO DA ONÇA-PINTADA

QUE TAL CONHECER UM POUCO MAIS A ONÇA-PINTADA PARA AJUDAR A PRESERVÁ-LA?

ACOMPANHE A LEITURA DO TEXTO.

KKimages/Shutterstock/Glow Images

A ONÇA-PINTADA PODE SER ENCONTRADA EM VÁRIAS FLORESTAS DO BRASIL.

ALÉM DE SER UMA ÓTIMA CAÇADORA, ELA NADA MUITO BEM.

A ONÇA ALIMENTA-SE DE AVES, PEIXES E MAMÍFEROS.

MAS INFELIZMENTE ELA ESTÁ CADA VEZ MAIS AMEAÇADA DE EXTINÇÃO, OU SEJA, PODE DESAPARECER PARA SEMPRE.

AS PRINCIPAIS MEDIDAS PARA PRESERVÁ-LA SÃO:

1. IMPEDIR A CAÇA.
2. PRESERVAR A NATUREZA NOS LUGARES ONDE ELA VIVE.
3. ESTUDAR OS HÁBITOS DA ONÇA PARA CONHECÊ-LA MELHOR.

- É IMPORTANTE PROTEGER A ONÇA-PINTADA? POR QUÊ?
- O QUE É PRECISO FAZER PARA QUE A ONÇA-PINTADA NÃO DESAPAREÇA?

AGORA QUE VOCÊ JÁ CONHECE AS PRINCIPAIS FORMAS DE AJUDAR A PRESERVAR A ONÇA-PINTADA, QUE TAL FAZER COM OS COLEGAS UM MURAL SOBRE ESSE LINDO ANIMAL?

MATERIAL NECESSÁRIO:

- TRÊS FOLHAS DE PAPEL *KRAFT*;
- FOTOS E DESENHOS MOSTRANDO ONDE A ONÇA-PINTADA VIVE E COMO ELA SE ALIMENTA;
- FOTOS E DESENHOS MOSTRANDO O QUE PODE CAUSAR O DESAPARECIMENTO DA ONÇA-PINTADA, POR EXEMPLO, A CAÇA E A DESTRUIÇÃO DAS FLORESTAS;
- FOTOS E DESENHOS MOSTRANDO O QUE PODE SER FEITO PARA SALVAR A ONÇA-PINTADA, OU SEJA, ATITUDES COMO PRESERVAR AS FLORESTAS E IMPEDIR A CAÇA;
- FITA-CREPE;
- COLA.

COMO FAZER:

- FORREM UMA PAREDE DA SALA COM O PAPEL *KRAFT*.
- VOCÊS PODEM ORGANIZAR O PAINEL EM TRÊS PARTES COM OS SEGUINTES TÍTULOS:
  - ✔ **COMO VIVE A ONÇA-PINTADA?**
  - ✔ **O QUE AMEAÇA A ONÇA-PINTADA?**
  - ✔ **O QUE FAZER PARA SALVAR A ONÇA-PINTADA?**

- ORGANIZEM AS FOTOS E OS DESENHOS QUE VOCÊS CONSEGUIRAM E COLEM-NOS NO CARTAZ.
- CONVIDEM OS COLEGAS DE OUTRA CLASSE PARA VER O PAINEL MONTADO POR VOCÊS.

Ilustra Cartoon/Arquivo da editora

ENCONTROS VOCÁLICOS

OED

LEIA OS BALÕES DE FALA E CIRCULE AS VOGAIS QUE APARECEM JUNTAS.

QUANDO DUAS OU MAIS VOGAIS APARECEM JUNTAS EM UMA PALAVRA, ELAS FORMAM UM **ENCONTRO VOCÁLICO**.

LEIA AS PALAVRAS DO QUADRO E ESCOLHA DUAS DELAS PARA ESCREVER NOS BALÕES DE FALA.

AI!	OI!	UI!	EI!

Ilustrações: Ilustra Cartoon/Arquivo da editora

ATIVIDADES

1 VAMOS UNIR AS VOGAIS E FORMAR PALAVRAS?

A I .... A U .... I A ....

E I .... E U .... U I ....

O I .... O U .... A O ....

- AGORA ESCREVA COM LETRA CURSIVA AS PALAVRAS QUE VOCÊ FORMOU.

2 EM CADA QUADRO, CIRCULE AS PARTES IGUAIS DE CADA PALAVRA.

BALEIA	CORAÇÃO
MEIA	PIÃO
SEREIA	VIOLÃO
....	....
....	....

- AGORA ESCREVA EM CADA QUADRO MAIS DUAS PALAVRAS COM A MESMA TERMINAÇÃO.

3 OBSERVE AS CAPAS DESTES LIVROS.

Reprodução/Editora Ática

Reprodução/Editora Scipione

- QUE PALAVRAS SE REPETEM NAS DUAS CAPAS? ESCREVA-AS NOS QUADROS CORRESPONDENTES.

NOME

ALIMENTO

4 COMPLETE A CRUZADINHA COM AS VOGAIS QUE ESTÃO FALTANDO.

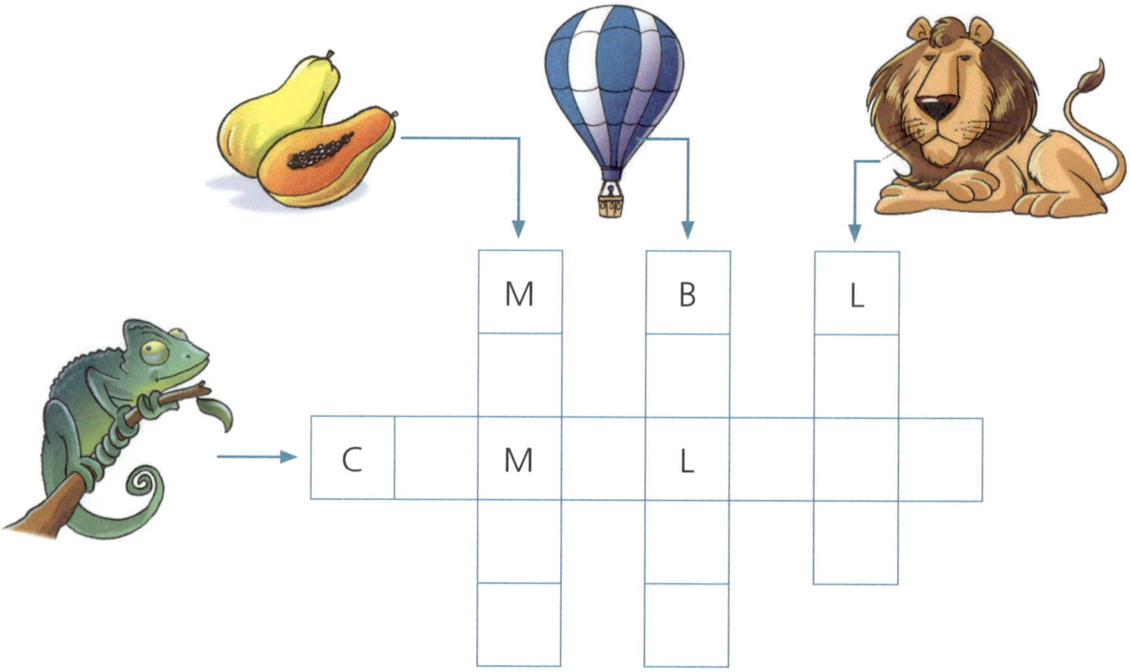

Ilustrações: Ilustra Cartoon/Arquivo da editora

- VOCÊ CONHECE OUTRAS PALAVRAS QUE TÊM **TIL** (~)? ESCREVA-AS E LEIA-AS PARA OS COLEGAS.

5 LEIA A PARLENDA COM OS COLEGAS.

SOU PEQUENININHO
DO TAMANHO DE UM BOTÃO
CARREGO PAPAI NO BOLSO
E MAMÃE NO CORAÇÃO.

PARLENDA POPULAR

A) CIRCULE AS PALAVRAS DA PARLENDA QUE TÊM TIL (~).

B) ESCREVA AS PALAVRAS QUE VOCÊ CIRCULOU AO LADO DA FIGURA CORRESPONDENTE. USE LETRA CURSIVA.

Olga_Anourina/Shutterstock/Glow Images

michaeljung/Shutterstock/Glow Images

sheff/Shutterstock/Glow Images

IDEIAS EM AÇÃO

ONÇA-PINTADA, QUEM TE PINTOU?

NESTA UNIDADE VOCÊ CONHECEU UM POUCO A RESPEITO DA ONÇA-PINTADA. VAMOS CONHECER UMA CANTIGA COM ESSE ANIMAL? MAS ANTES COMPLETE AS PALAVRAS COM AS VOGAIS QUE ESTÃO FALTANDO.

..........NÇA-PINTADA,
QUEM TE PINTO..........?
FOI UMA VELHINH..........
QUE POR AQUI PASSOU.
TEMPO DE AREIA
SACUDIA A PO..........IRA.
P..........XA ESSA LAGARTA
PELA PONTA DA OR..........LHA.

CANTIGA POPULAR

AGORA QUE TAL FAZER UMA ONÇA-PINTADA DE SUCATA?

MATERIAL NECESSÁRIO:

- DUAS CAIXAS DE PAPEL: UMA GRANDE, PARA FAZER O CORPO DA ONÇA, E UMA PEQUENA, QUE VAI SER A CABEÇA DA ONÇA. ELAS PODEM SER DE REMÉDIO, SABONETE, ETC.
- QUATRO PALITOS DE PICOLÉ, PARA FAZER AS PATAS.
- FITA-CREPE.
- UM FIO DE LÃ.
- TINTA GUACHE AMARELA, PRETA E BRANCA.
- PINCEL.

Ilustrações: Ilustra Cartoon/Arquivo da editora

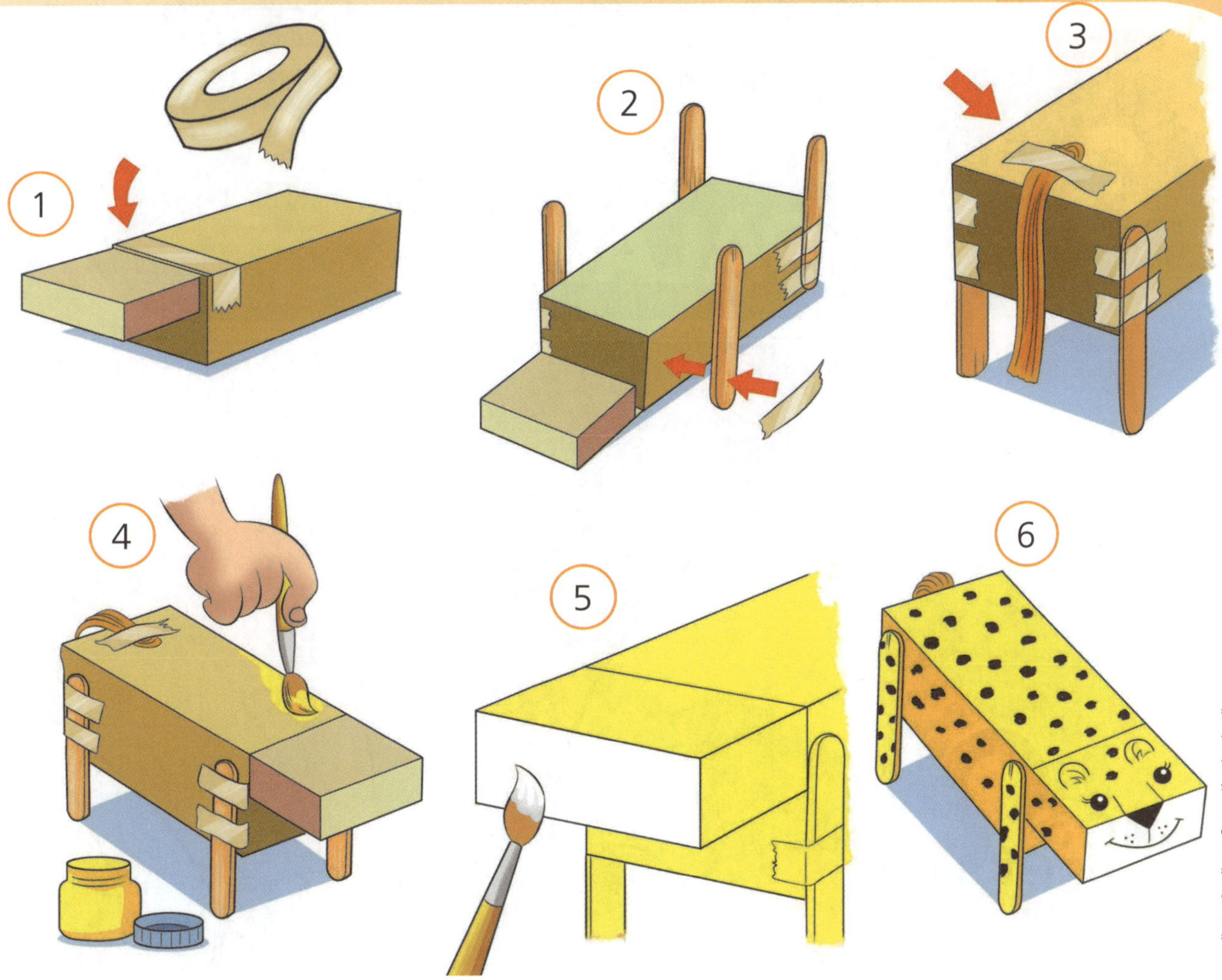

Ilustrações: Ilustra Cartoon/Arquivo da editora

COMO FAZER:

1. USE UM PEDAÇO DE FITA-CREPE PARA COLAR A CAIXA MENOR NA CAIXA MAIOR.
2. PRENDA OS PALITOS COM FITA-CREPE PARA FAZER AS PATAS DA ONÇA.
3. DOBRE O FIO DE LÃ EM QUATRO PARTES E FIXE-O COM FITA-CREPE PARA FAZER O RABO DA ONÇA.
4. PINTE AS DUAS CAIXAS COM TINTA GUACHE AMARELA E ESPERE SECAR.
5. PINTE O FOCINHO DA ONÇA COM A TINTA BRANCA.
6. QUANDO ESTIVER BEM SECO, USE A TINTA PRETA PARA FAZER AS PINTAS DO CORPO DA ONÇA E TAMBÉM PINTAR OS OLHOS, O FOCINHO E A BOCA.

TEXTO ELABORADO COM BASE NO VÍDEO **O BRINQUEDO FAZ A HISTÓRIA: A ONÇA E O BODE**, DE FERNANDO VILELA. DISPONÍVEL EM: <HTTP://SITES.ATICASCIPIONE.COM.BR/BRINQUEDO/INDEX.HTML>. ACESSO EM: 6 MAIO 2015.

UNIDADE 3

MAIS E MAIS PALAVRAS

VAMOS CONVERSAR?

- O QUE VOCÊ VÊ NESTA CENA?
- VOCÊ SABE O NOME DESTAS FIGURAS?
- SABE ESCREVER O NOME DE ALGUMA DELAS?

O QUE VOU ESTUDAR?

- SÍLABAS SIMPLES
- FORMAÇÃO DE PALAVRAS
- QUADRINHAS, POEMAS, CANTIGAS, ADIVINHAS, TRAVA-LÍNGUAS E PARLENDAS

Ilustra Cartoon/Arquivo da editora

ZE
KWY
VA
XA
TA
SA
RA
PE
NU
MA
LO
GA
JA
FU
CA
DO
BA

b B

David Ashley/Shutterstock/Glow Images

- O QUE VOCÊ SABE A RESPEITO DAS BALEIAS?

ba Ba
ba Ba

BALEIA
baleia
baleia

AS **BA**LEIAS MEDEM CERCA DE 25 METROS E PODEM PESAR MAIS DE 100 TONELADAS! AS BALEIAS SÃO OS MAIORES SERES VIVOS DO PLANETA TERRA.

ATIVIDADES

1 LEIA O TEXTO COM OS COLEGAS E CIRCULE A PALAVRA **BALEIA**.

A BALEIA MERGULHA NO MAR.
ELA SOBE, RESPIRA E TORNA A AFUNDAR.
VAI NADANDO SEMPRE SEM CESSAR,
NÃO PARA NEM DANDO DE MAMAR.

A) ESCREVA O NOME DO ANIMAL QUE MERGULHA NO MAR.

....

B) PRONUNCIE A PALAVRA QUE VOCÊ ESCREVEU EM VOZ ALTA.

PARA FALAR A PALAVRA **BALEIA** VOCÊ A DIVIDIU EM TRÊS PARTES.
CADA UMA DESSAS PARTES É UMA **SÍLABA**.

C) ESCREVA UMA SÍLABA EM CADA QUADRINHO.

☐ ☐ ☐

Hiroya Minakuchi/Minden Pictures/Latinstock

- QUANTAS SÍLABAS TEM ESSA PALAVRA? ☐

2 CIRCULE AS FIGURAS EM QUE OS NOMES COMEÇAM COM AS SÍLABAS INDICADAS NO QUADRO.

BA				
BE				
BI			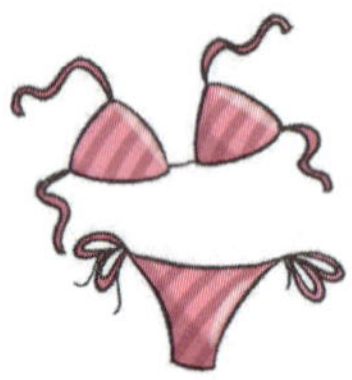	
BO				
BU				

Ilustrações: Ilustra Cartoon/Arquivo da editora

3 CONTE QUANTAS SÍLABAS TEM A PALAVRA ABAIXO. DEPOIS PINTE OS QUADRINHOS DE ACORDO COM A QUANTIDADE DE SÍLABAS.

BICICLETA

4 ACOMPANHE A LEITURA DO TEXTO. PINTE COM LÁPIS DE COR AS SÍLABAS QUE RIMAM.

PERFUME DE GAMBÁ

PATATI PATATÁ
O CHEIRO DO GAMBÁ
DEIXA TODA A BICHARADA
MAIS PRA LÁ
DO QUE PRA CÁ.

LÉ COM CRÉ
CRÉ COM LÉ
CHEIRA MAL O SEU CHULÉ.

BIBIBI BOBOBÓ
SEU PERFUME ROCOCÓ
FAZ DOER
E CAUSA DÓ.

TANTO AROMA DESSE JEITO
SÓ NARIZ COM UM DEFEITO
ESSE CHEIRO RABUGENTO
SEGUE FIRME SUPORTANDO.

Ilustra Cartoon/Arquivo da editora

O BICHO VAI PEGAR!, DE EDSON GABRIEL GARCIA. SÃO PAULO: CORTEZ, 2010.

- PRESTE ATENÇÃO NAS TRÊS PALAVRAS QUE O PROFESSOR VAI DITAR. LOCALIZE-AS NO TEXTO E COPIE-AS NOS QUADROS.

c C

Shutterstock/Glow Images

- VOCÊ SABE O QUE É HIPISMO?
- SABE QUAL É O ANIMAL UTILIZADO NA PRÁTICA DESSE ESPORTE?

ca Ca
ca Ca

CAVALO
cavalo
cavalo

O HIPISMO É UM CONJUNTO DE ESPORTES NO QUAL UMA PESSOA MONTADA EM SEU **CA**VALO PARTICIPA DE CORRIDAS, SALTOS E OUTRAS PROVAS.

ATIVIDADES

1 LEIA O POEMA COM OS COLEGAS.

OS CAVALOS

QUANDO OS CAVALOS MORREM,
SOBEM AOS CÉUS DE MANSINHO.
ENCONTRAM LÁ OS ANJINHOS
E VIRAM CAVALOS-MARINHOS.

BICHOS DIVERSOS, DE ARISTIDES TORRES FILHO. SÃO PAULO: SCIPIONE, 2007.

A) VOCÊ JÁ VIU UM CAVALO? CONTE ONDE VOCÊ O VIU E COMO ELE ERA.

B) CIRCULE O NOME DOS ANIMAIS QUE APARECEM NO POEMA.

C) LEIA EM VOZ ALTA AS PALAVRAS ABAIXO. DEPOIS PINTE OS SONS PARECIDOS.

MANSINHO ANJINHOS MARINHOS

2 PARA DESCOBRIR AS RESPOSTAS DAS ADIVINHAS, COMPLETE AS PALAVRAS COM AS SÍLABAS **CA**, **CO** OU **CU**.

Ilustra Cartoon/Arquivo da editora

A) DÁ UM PULO E SE VESTE DE NOIVA? PIPO.................... .

B) QUANTO MAIS SE TIRA MAIOR FICA? BURA.................... .

C) QUANTO MAIS CRESCE MENOS SE VÊ? ES....................RIDÃO.

3 FORME O NOME DAS FIGURAS COM AS SÍLABAS ABAIXO.

CU	CA
BO	CO
CO	BO

Laborant/Shutterstock/Glow Images

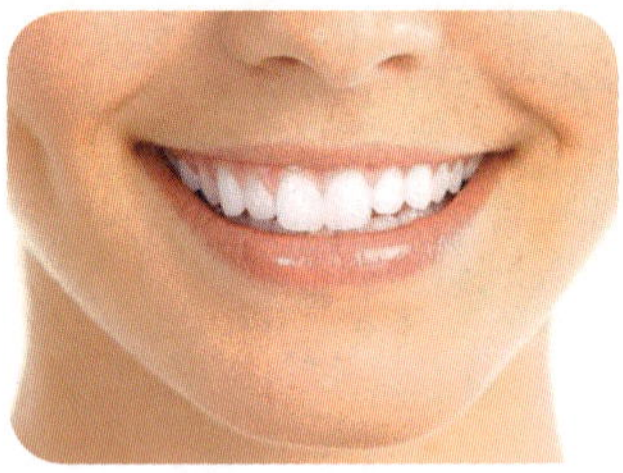
kurhan/Shutterstock/Glow Images

panda3800/Shutterstock/Glow Images

....

4 CIRCULE AS PALAVRAS QUE CORRESPONDEM ÀS IMAGENS.

Marek R. Swadzba/Shutterstock/Glow Images

KAZLOVA IRYNA/Shutterstock/Glow Images

Luciano Queiroz/Shutterstock/Glow Images

CABRA	CACHORRO	COCO
COBRA	CUTIA	CAIO
CAVALO	CUBO	CORUJA

5 ACOMPANHE A LEITURA DO TEXTO.

UM CACHORRO

UM CACHORRO DO MORRO
DESCEU PEDINDO SOCORRO:
— SE NÃO CUIDAREM DE MIM,
AI, EU MORRO!
SE ME PEGAREM VIRANDO LIXO,
NEM ME LIXO.
SE VIEREM COM PONTAPÉ,
DOU NO PÉ.

MAS AÍ O CACHORRO DO MORRO
ENCONTROU DONA SOCORRO.
E VEIO BANHO E VEIO BOA BOIA,
MUITO AGRADO POR TODO LADO,
UM BOM LUGAR PRA DORMIR
E MUITA RAZÃO PRA SORRIR.

E ERA UMA VEZ UM CACHORRO DO MORRO...

DE OLHO NOS BICHOS, DE ELIAS JOSÉ. SÃO PAULO: FTD, 2003.

- MARQUE COM UM **X** O QUE O CACHORRO FAZ SE "VIEREM COM PONTAPÉ".

Ilustrações: Ilustra Cartoon/Arquivo da editora

d D

MilaCroft/Shutterstock/Glow Images

- VOCÊ SABE O NOME DESTE JOGO? SABE COMO SE JOGA?

do Do
do Do

DOMINÓ
dominó
dominó

O JOGO DE **DO**MINÓ SURGIU NA CHINA E É FORMADO POR 28 PEÇAS RETANGULARES.

ATIVIDADES

1 AS CRIANÇAS ESTÃO COMBINANDO UM JOGO DE DOMINÓ. LEIA O BILHETE PARA SABER MAIS.

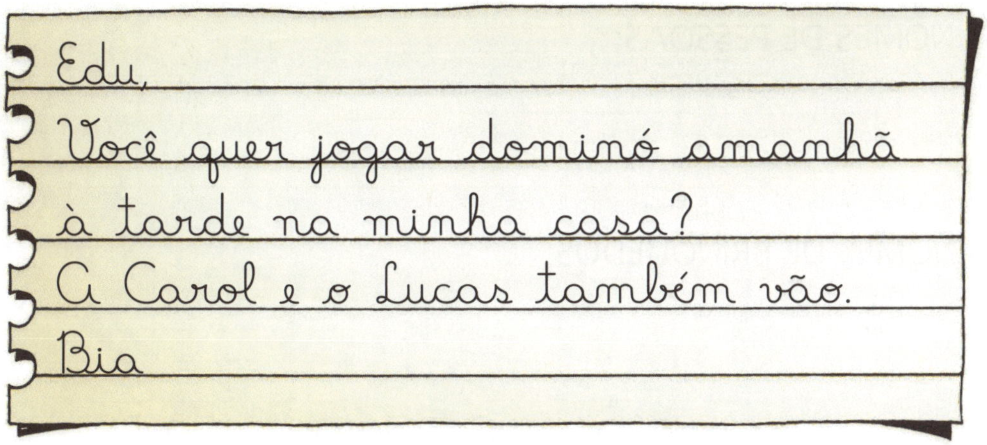
Edu,
Você quer jogar dominó amanhã
à tarde na minha casa?
A Carol e o Lucas também vão.
Bia

- AGORA RESPONDA ÀS PERGUNTAS ABAIXO.

  A) QUEM ESCREVEU O BILHETE? ....

  B) PARA QUEM O BILHETE FOI ESCRITO? ....

2 PINTE, NO BILHETE, O NOME DO JOGO QUE AS CRIANÇAS ESTÃO COMBINANDO.

3 COMPLETE O NOME DAS FIGURAS UTILIZANDO AS SÍLABAS DO QUADRO.

DA	DE	DI	DO

Artush/Shutterstock/Glow Images

..........NOSSAURO

Pakhnyushchyy/Shutterstock/Glow Images

VESTI..........

pbombaert/Shutterstock/Glow Images

..........DO

Africa Studio/Shutterstock/Glow Images

CABI..........

4 LEIA AS PALAVRAS DO QUADRO.

EDU	PANDA	MANDIOCA	DOMINÓ
DADO	COCADA	DANILA	BODE

- AGORA ESCREVA COM LETRA CURSIVA O QUE SE PEDE.

A) NOMES DE PESSOAS:

B) NOMES DE BRINQUEDOS:

C) NOMES DE ALIMENTOS:

D) NOMES DE ANIMAIS:

5 CIRCULE O NOME DAS FIGURAS NO DIAGRAMA.

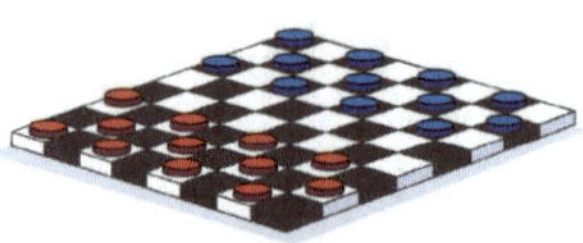

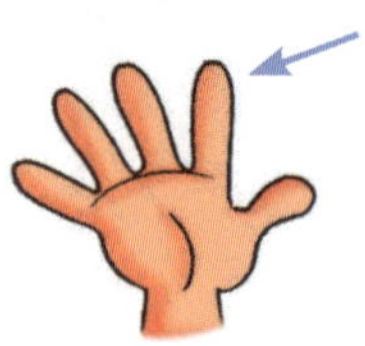

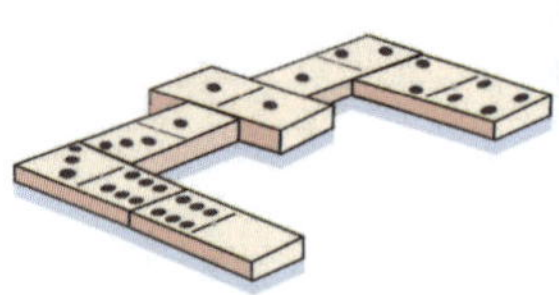

O	R	U	I	H	G	D	L
H	D	A	M	A	S	E	T
M	N	G	I	M	V	D	Y
L	D	A	D	O	W	O	F
U	O	Y	F	D	T	H	A
D	O	M	I	N	Ó	R	D
H	K	T	X	D	I	V	A
P	U	V	F	D	H	K	F

Ilustrações: Ilustra Cartoon/Arquivo da editora

6 VAMOS FORMAR PALAVRAS? OBSERVE O EXEMPLO.

	1	2	3
A	BO	BA	DU
B	CA	DA	DO
C	A	DE	DI

A1, B1 → boca

B1, C2, C1, B3 → ....

C1, B1, A2, B3 → ....

C2, C3, B1, B2 → ....

7 ESCREVA, USANDO LETRA CURSIVA, O NOME DAS CRIANÇAS EM ORDEM ALFABÉTICA. **DICA**: OBSERVE A SÍLABA INICIAL DE CADA NOME.

Monkey Business Images/Shutterstock/Glow Images

DUDA DIEGO DORA DÊNIS DANIELA

f F

Robert Pernell/Shutterstock/Glow Images

- VOCÊ GOSTA DE FUTEBOL?
- ALGUÉM DA CLASSE SABE COMO É FORMADO UM TIME DE FUTEBOL?

fu Fu
fu Fu

FUTEBOL
futebol
futebol

FUTEBOL É UM ESPORTE DISPUTADO POR DOIS TIMES COM 11 JOGADORES EM CADA UM DELES. TEM COMO OBJETIVO FAZER A BOLA ENTRAR NO GOL DO ADVERSÁRIO.

ATIVIDADES

1 OBSERVE AS FOTOS E ASSINALE COM UM **X** A PARTIDA DE FUTEBOL.

BrunoRosa/Shutterstock/Glow Images

g-stockstudio/Shutterstock/Glow Images

Iurii Osadchi/Shutterstock/Glow Images

Aspen Photo/Shutterstock/Glow Images

- AGORA ESCREVA COM LETRA CURSIVA O NOME DE CADA ESPORTE.

Saiba mais

APESAR DE GANHARMOS 5 VEZES A COPA DO MUNDO, NÃO FOMOS NÓS, BRASILEIROS, QUE INVENTAMOS O FUTEBOL. QUEM TROUXE O ESPORTE PARA O BRASIL FOI **CHARLES MILLER**, UM PAULISTA QUE CONHECEU O FUTEBOL QUANDO ESTEVE NA INGLATERRA.

CHARLES MILLER
Reprodução/Arquivo da editora

2 VAMOS RECITAR UMA PARLENDA? DEPOIS CIRCULE AS PALAVRAS QUE TÊM A LETRA **F**.

FOGE, RATINHO
QUE O GATO TEM FOME.
FOGE, RATINHO,
QUE O GATO TE COME.

PARLENDA POPULAR

Mario Pita/Arquivo da editora

A) OBSERVE AS PALAVRAS ABAIXO. PINTE A LETRA QUE AS TORNA DIFERENTES.

FOGE | FOME

B) ESCREVA UMA SÍLABA EM CADA QUADRINHO:

GATO → ____ ____

FOME → ____ ____

FOGE → ____ ____

3 JUNTE AS SÍLABAS DE CORES IGUAIS PARA FORMAR O NOME DAS FIGURAS.

CA	FI	GÃO
FO	FA	TA

Africa Studio/Shutterstock/Glow Images

Hurst Photo/Shutterstock/Glow Images

Givaga/Shutterstock/Glow Images

....

4 ACOMPANHE A LEITURA DA CANTIGA.

FORMIGUINHA DA ROÇA
ENDOIDECEU
COM UMA DOR DE CABEÇA
QUE LHE DEU.

AI, POBRE!
AI, POBRE FORMIGUINHA,
PÕE A MÃO NA CABEÇA
E FAZ ASSIM, E FAZ ASSIM.

CANTIGA POPULAR

Ilustra Cartoon/Arquivo da editora

A) COPIE DO TEXTO AS PALAVRAS COMEÇADAS COM A LETRA **F**. USE LETRA CURSIVA.

B) FAÇA UM **X** NA RESPOSTA CORRETA.

A FORMIGUINHA ESTAVA COM:

( ) DOR DE DENTE.

( ) DOR DE CABEÇA.

5 COMPLETE O NOME DOS ALIMENTOS COM **FA**, **FE** OU **FI**.

Africa Studio/Shutterstock/Glow Images

Kjetil Kolbjornsrud/Shutterstock/Glow Images

Gavran333/Shutterstock/Glow Images

.......GO

.......IJÃO

AL.......CE

g G

CyberKat/Shutterstock/Glow Images

- VOCÊ TEM OU CONHECE ALGUÉM QUE TENHA UM GATO? COMO ELE É?

ga Ga

ga Ga

GATO

gato

gato

O **GATO** É UM ANIMAL MAMÍFERO DA FAMÍLIA DOS FELINOS, COMO O TIGRE E O LEÃO, MAS É DOMESTICADO.

ATIVIDADES

1 VAMOS CANTAR ESTA CANTIGA DE RODA?

NÃO ATIRE O PAU NO GATO (TO)
PORQUE ISSO (SO) NÃO SE FAZ (FAZ-FAZ).
O GATINHO (NHO) É NOSSO AMIGO (GO).
NÃO DEVEMOS MALTRATAR OS ANIMAIS
JAMAIS!

CANTIGA POPULAR

A) CIRCULE NO TEXTO O NOME DO ANIMAL E DEPOIS COPIE-O ABAIXO DA FOTO CORRESPONDENTE.

D and D Photo Sudbury/Shutterstock/Glow Images

Schubbel/Shutterstock/Glow Images

....

B) VOCÊ SABE O NOME DO OUTRO ANIMAL DA FOTO? ESCREVA-O.

2 COMPLETE O NOME DAS FIGURAS COM **GA**, **GO** OU **GU**.

Ilustrações: Ilustra Cartoon/Arquivo da editora

..........TO

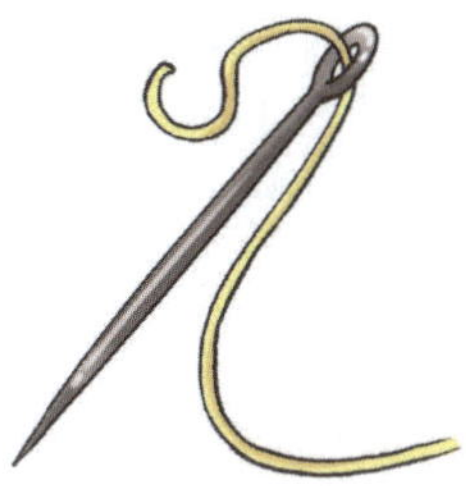

A..........LHA

..........LEIRO

3 ACOMPANHE A LEITURA DA CANTIGA.

FAZ TRÊS NOITES QUE EU NÃO DURMO, O LÁ LÁ!
POIS PERDI O MEU GALINHO, O LÁ LÁ!
COITADINHO, O LA LÁ!
POBREZINHO, O LA LÁ!
EU PERDI LÁ NO JARDIM.

CANTIGA POPULAR

Ilustra Cartoon/Arquivo da editora

- CIRCULE NO TEXTO A PALAVRA COMEÇADA COM A LETRA **G**.

4 OBSERVE A CAPA DESTES LIVROS.

1

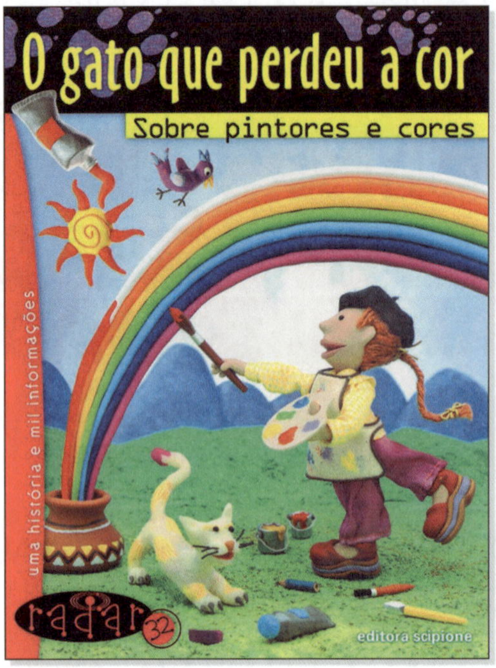

Reprodução/Editora Scipione

2

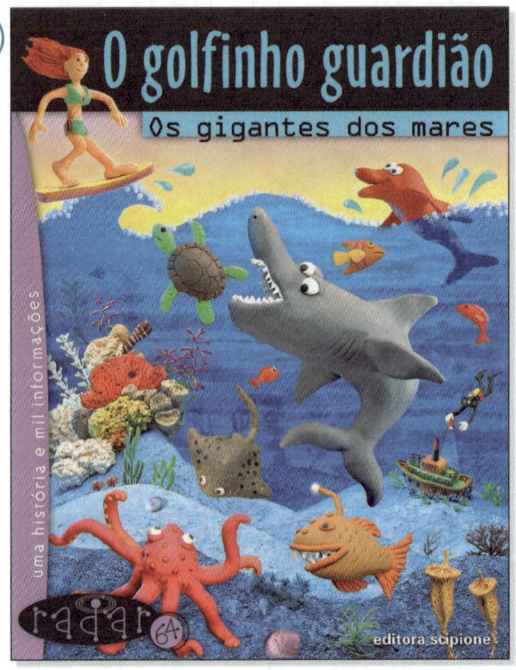

Reprodução/Editora Scipione

A) QUAL É O NOME DE ANIMAL QUE APARECE NO TÍTULO DA CAPA DO LIVRO 1?

....

B) E NO TÍTULO DA CAPA DO LIVRO 2?

....

5 COMPLETE A CRUZADINHA.

Fesus Robert/Shutterstock/Glow Images

Zygotehaasnobrain/Shutterstock/Glow Images

Nenov Brothers Images

sta/Shutterstock/Glow Images

James Steidl/Shutterstock/Glow Images

Aksenova Natalya/Shutterstock/Glow Images

- AGORA COMPLETE A FRASE COM ALGUMAS DAS PALAVRAS DA CRUZADINHA.

Fesus Robert/Shutterstock/Glow Images

sta/Shutterstock/Glow Images

James Steidl/Shutterstock/Glow Images

O .... PEGOU A .... DENTRO DA ....

j J

Fabio Colombini/Acervo do fotógrafo

- VOCÊ CONHECE O ANIMAL DA FOTO?
- O QUE VOCÊ SABE A RESPEITO DELE?

ja Ja

ja Ja

JACARÉ

jacaré

jacaré

OS **JA**CARÉS SÃO RÉPTEIS CARNÍVOROS. DE DIA, ESSES ANIMAIS FORMAM GRUPOS PARA TOMAR SOL E, À NOITE, SAEM PARA CAÇAR.

ATIVIDADES

1 ACOMPANHE A LEITURA DO POEMA. CIRCULE A PALAVRA **JACARÉ**.

CHATICE

JACARÉ,
LARGA DO MEU PÉ,
DEIXA DE SER CHATO!

SE VOCÊ TEM FOME,
ENTÃO VÊ SE COME
SÓ O MEU SAPATO,

E LARGA DO MEU PÉ,
E VOLTA PRO SEU MATO,
JACARÉ!

OLHA O BICHO,
DE JOSÉ PAULO PAES.
SÃO PAULO: ÁTICA, 2008.

Ilustra Cartoon/Arquivo da editora

A) ESCREVA UMA SÍLABA EM CADA QUADRINHO:

JACARÉ

B) DESCUBRA O NOME DE UMA FRUTA QUE ESTÁ DENTRO DA PALAVRA **JACARÉ** E ESCREVA-A.

nanD_Phanuwat/Shutterstock/Glow Images

....

2 COMPLETE O NOME DESTES ANIMAIS COM AS SÍLABAS **JA**, **JI** OU **JO**.

Yellow/Shutterstock/Glowimages

..........aninha

Jeff Grabert/Shutterstock/Glowimages

..........guatirica

E. Sweet/Shutterstock/Glowimages

..........buti

Jadson Marques/Folhapress

..........boia

3 COMPLETE O NOME DAS CRIANÇAS COM **JA**, **JO** OU **JU**.

Ilustrações: Ilustra Cartoon/Arquivo da editora

..........ão

..........ne

..........ca

4 QUAL É O NOME DESTAS FIGURAS? CIRCULE O NOME CORRETO.

JANELA
JORNAL

JIPE
JILÓ

CAJU
FEIJÃO

5 FORME DUAS PALAVRAS QUE INICIEM COM CADA UMA DAS SÍLABAS DAS PALAVRAS ABAIXO. SIGA O EXEMPLO.

JOGO
- JO Joana, jovem
- GO ....

JACA
- JA ....
- CA ....

JIPE
- JI ....
- PE ....

6 COMPLETE A CANTIGA COM AS PALAVRAS DO QUADRO.

JOÃO	MANJERICÃO	NÃO	MELÃO

CAPELINHA DE ....

É DE SÃO ....!

É DE CRAVO, É DE ROSA,

É DE ....!

SÃO JOÃO ESTÁ DORMINDO,

NÃO ACORDA, ...!
ACORDAI, ACORDAI,
ACORDAI, JOÃO!

CANTIGA POPULAR

Ilustra Cartoon/Arquivo da editora

Holly Kuchera/Shutterstock/Glow Images

- VOCÊ SABE O NOME DESTE ANIMAL?
- VOCÊ CONHECE ALGUMA HISTÓRIA OU CANÇÃO COM ESTE ANIMAL?

lo	Lo
lo	*Lo*

LOBO
lobo
lobo

O **LO**BO É UM ANIMAL CARNÍVORO. VIVE EM BANDO NAS FLORESTAS DA EUROPA, ÁSIA E AMÉRICA. TEM AUDIÇÃO E VISÃO NOTURNA MUITO DESENVOLVIDAS.

ATIVIDADES

1 VOCÊ CONHECE ESTA CANTIGA? CANTE-A COM OS COLEGAS.

PELA ESTRADA AFORA,
EU VOU BEM SOZINHA
LEVAR ESTES DOCES
PARA A VOVOZINHA!
ELA MORA LONGE,
O CAMINHO É DESERTO
E O LOBO MAU
PASSEIA AQUI POR PERTO!

CANTIGA POPULAR

Ilustrações: Ilustra Cartoon/Arquivo da editora

A) CIRCULE NO TEXTO A PALAVRA **LOBO**.

B) RESPONDA ÀS PERGUNTAS ABAIXO.

- PARA ONDE VAI A MENINA?
- O QUE ELA VAI FAZER LÁ?

2 LIGUE AS SÍLABAS E ESCREVA, COM LETRA CURSIVA, AS PALAVRAS FORMADAS.

BO — LA
BO — CA
BO — NÉ

LO — JA
LO — NA
LO — BO

3 COMPLETE O NOME DAS FIGURAS COM AS SÍLABAS **LA**, **LE**, **LI**, **LO** OU **LU**.

..........ão

..........mão

..........ranja

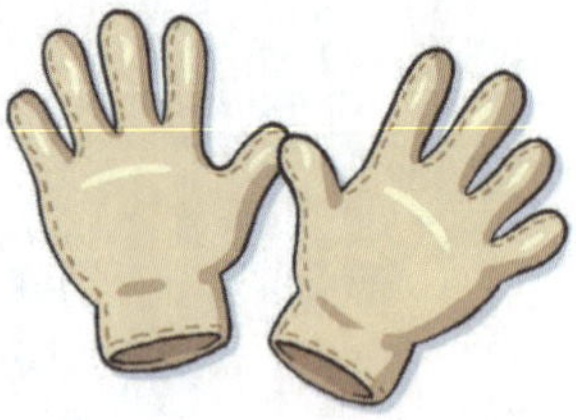

..........vas

bo..........

..........vro

Ilustrações: Ilustra Cartoon/Arquivo da editora

4 COMPLETE A CRUZADINHA COM O NOME DAS FIGURAS.

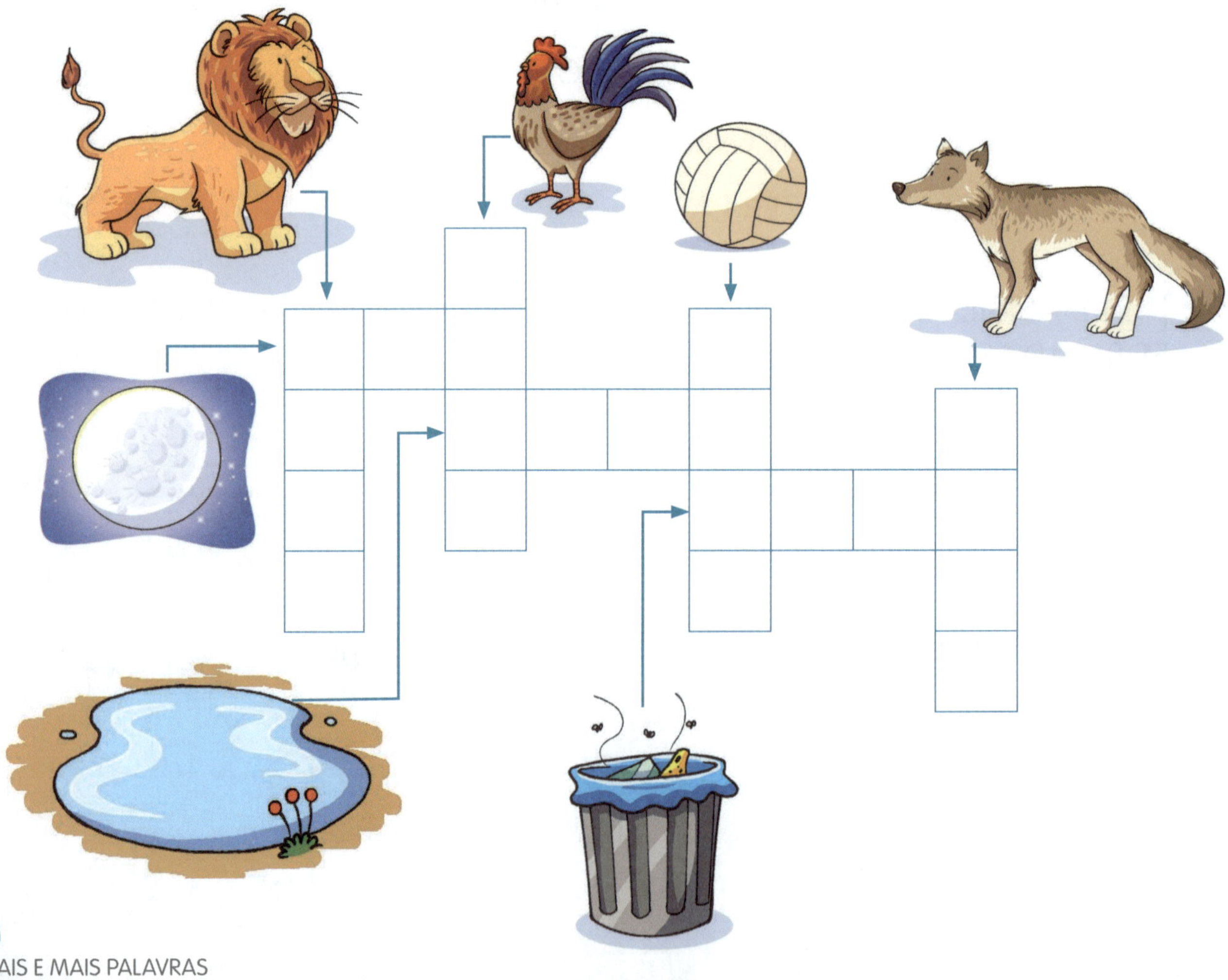

5 OUÇA A LEITURA DA CANTIGA QUE O PROFESSOR VAI FAZER E COMPLETE AS PALAVRAS COM **LA**, **LE**, **LI**, **LO** OU **LU**.

LÁ EM CASA

Ilustra Cartoon/Arquivo da editora

LÁ EM CASA TEM UMA GA..................NHA.

A GA..................NHA CÓ E OS PINTINHOS PIU.

LÁ EM CASA TEM UM GA...................

O GA.................. CO-CÓ, A GA..................NHA CÓ E OS PINTINHOS PIU.

LÁ EM CASA TEM UMA MU...................

A MU.................. RRRIII, O GA.................. CO-CÓ, A GA..................NHA CÓ E OS PINTINHOS PIU.

LÁ EM CASA TEM UM VAGA-..................ME.

O VAGA-..................ME ZZZZ, A MU.................. RRRIII, O GA.................. CO-CÓ, A GA..................NHA CÓ E OS PINTINHOS PIU.

LÁ EM CASA TEM UM E..................FANTE.

O E..................FANTE HIIII, O VAGA-..................ME ZZZZ, A MU.................. RRRIII, O GA.................. CO-CÓ, A GA..................NHA CÓ E OS PINTINHOS PIU.

CANTIGA POPULAR

m M

Fabio Colombini/Acervo do fotógrafo

- VOCÊ JÁ VIU UM MACACO COMO ESTE? ONDE?

ma Ma
ma Ma

MACACO
macaco
macaco

O **MA**CACO-ARANHA TAMBÉM PODE SER CHAMADO DE CUATÁ. ELE PESA CERCA DE 8 QUILOS E VIVE APROXIMADAMENTE VINTE ANOS.

ATIVIDADES

1 LEIA O TEXTO COM OS COLEGAS.

O MACACO, MALANDRINHO,
NÃO QUER SABER DE TRABALHO.
ESCOLHE UMA BOA ÁRVORE
E LOGO SE AJEITA NUM GALHO.

CASINHAS DE BICHOS, DE HARDY GUEDES ALCOFORADO FILHO. SÃO PAULO: SCIPIONE, 2008.

Ilustra Cartoon/Arquivo da editora

A) CIRCULE NO TEXTO O NOME DO ANIMAL.

B) POR QUE O MACACO É "MALANDRINHO"?

2 QUANTAS PALAVRAS VOCÊ CONSEGUE ENCONTRAR DENTRO DESTA PALAVRA?

MACACO

....

3 LEIA AS PALAVRAS. DEPOIS TROQUE AS SÍLABAS DESTACADAS POR **MA**, **ME**, **MI**, **MO** OU **MU** E FORME NOVAS PALAVRAS.

CO LA → ....

DE DO → ....

GO LA → ....

BI CO → ....

LA TA → ....

4 PINTE DA MESMA COR OS CRACHÁS COM O MESMO NOME.

Ilustrações: Ilustra Cartoon/Arquivo da editora

- AGORA COMPLETE O NOME DE CADA CRIANÇA ESCREVENDO UMA SÍLABA COM **M**. USE LETRA CURSIVA.

Vol. Kozin/Shutterstock/Glow Images

Samuel Borges Photography/Shutterstock/Glow Images

kao/Shutterstock/Glow Images

..................ria ....lena ....nica

5 LEIA O TEXTO COM OS COLEGAS.

CAMINHANDO MEIO LENTA,
JÁ NÃO ANDA, APENAS REMA.
SEMPRE QUANDO O DIA ESQUENTA,
SAI PRA PASSEAR A EMA.

ABC DA BICHARADA, DE GLÁUCIA DE SOUZA.
SÃO PAULO: PRUMO, 2009.

Ilustra Cartoon/Arquivo da editora

A) CIRCULE NO TEXTO AS PALAVRAS QUE RIMAM.

B) LEIA O NOME DO ANIMAL DA FOTO. DEPOIS ESCREVA A PALAVRA DO TEXTO QUE RIMA COM O NOME DELE.

EMA

Alberto Loyo/Shutterstock/Glow Images

....

C) A EMA SAI PARA PASSEAR QUANDO O DIA:

( ) ESFRIA.

( ) ESQUENTA.

6 CIRCULE O NOME DA FIGURA.

MOLA

MOEDA

MAÇÃ

MACACO

MELANCIA

MAMÃO

Ilustrações: Ilustra Cartoon/Arquivo da editora

n N

Genova/Shutterstock/Glow Images

- VOCÊ SABE COMO SE FORMAM AS NUVENS?

nu Nu

nu Nu

NUVEM

nuvem

nuvem

O VAPOR DE ÁGUA SE ACUMULA NO CÉU E FORMA AS **NU**VENS.

ATIVIDADES

1 LEIA A ADIVINHA COM OS COLEGAS E DESCUBRA A RESPOSTA.

O QUE É, O QUE É?
ELA AGORA É UMA FLOR,
DAQUI A POUCO, UM CARNEIRINHO.
É LEVE, VOA, FLUTUA
LÁ NO CÉU BEM DE MANSINHO.

YARA NAJMAN

Mario Pita/Arquivo da editora

- DESCOBRIU? ESCREVA A RESPOSTA.

....

2 USE AS SÍLABAS DOS QUADRINHOS PARA COMPLETAR AS PALAVRAS. USE LETRA CURSIVA.

NA NE NI NO NU

NAN728/Shutterstock/Glow Images

Gts/Shutterstock/Glow Images

xpixel/Shutterstock/Glow Images

..........vio

cader..........

ca..........do

33333/Shutterstock/Glow Images

Nico Traut/Shutterstock/Glow Images

studioVin/Shutterstock/Glow Images

pa..........la

me..........na

sabo..........te

3 LEIA ESTA HISTÓRIA EM QUADRINHOS.

REVISTA DA MÔNICA, DE MAURICIO DE SOUSA. SÃO PAULO: PANINI COMICS, N. 49, JAN. 2011.

A) COMPLETE COM LETRA CURSIVA O NOME DOS PERSONAGENS QUE APARECEM NESSA HISTÓRIA EM QUADRINHOS.

Mô.................*ca* *Ce*.................*linha* ....*ga*.................

B) AGORA ESCREVA A PALAVRA QUE CADA PERSONAGEM QUIS DIZER.

....

4 OBSERVE A NUMERAÇÃO E AS SÍLABAS CORRESPONDENTES.

1	2	3	4	5	6	7	8	9
LI	CA	NI	DA	NA	NU	MO	DO	ME

- ESCREVA NOS QUADRINHOS A SÍLABA CORRESPONDENTE A CADA NÚMERO. DEPOIS COPIE A PALAVRA FORMADA.

1	7	5	4

....

2	6	8

....

9	3	5

....

p P

Fabio Colombini/Acervo do fotógrafo

- VOCÊ CONHECE ESTE BRINQUEDO?
- JÁ BRINCOU COM ELE?

pe **Pe**

pe *Pe*

PETECA

peteca

peteca

A **PE**TECA É UM BRINQUEDO FEITO GERALMENTE DE BORRACHA E DE PENAS COLORIDAS. A PETECA É JOGADA PARA O ALTO COM AS MÃOS.

ATIVIDADES

1 LEIA O POEMA E CIRCULE A PALAVRA **PETECA**.

BATE, BATE A PETECA, VAI.
CUIDADO SENÃO ELA CAI!
NO BATE E REBATE A PETECA VEM.
CUIDADO PARA NÃO CAIR TAMBÉM.

2 O NOME DOS ANIMAIS ABAIXO COMEÇA COM A LETRA **P**. ESCREVA AS SÍLABAS QUE FALTAM E, DEPOIS, COPIE AS PALAVRAS COM LETRA CURSIVA.

petrovichlili/Shutterstock/Glow Images

.................to

....

Jeremy Brown/Shutterstock/Glow Images

.................xe

....

Tracy Starr/Shutterstock/Glow Images

.................pagaio

....

Joe Ravi/Shutterstock/Glow Images

.................ba

....

Tsekhmister/Shutterstock/Glow Images

.................co

....

Bildagentur Zoonar GmbH/Shutterstock/Glow Images

.................licano

....

3 LEIA AS PALAVRAS DO BAÚ EM VOZ ALTA COM OS COLEGAS.

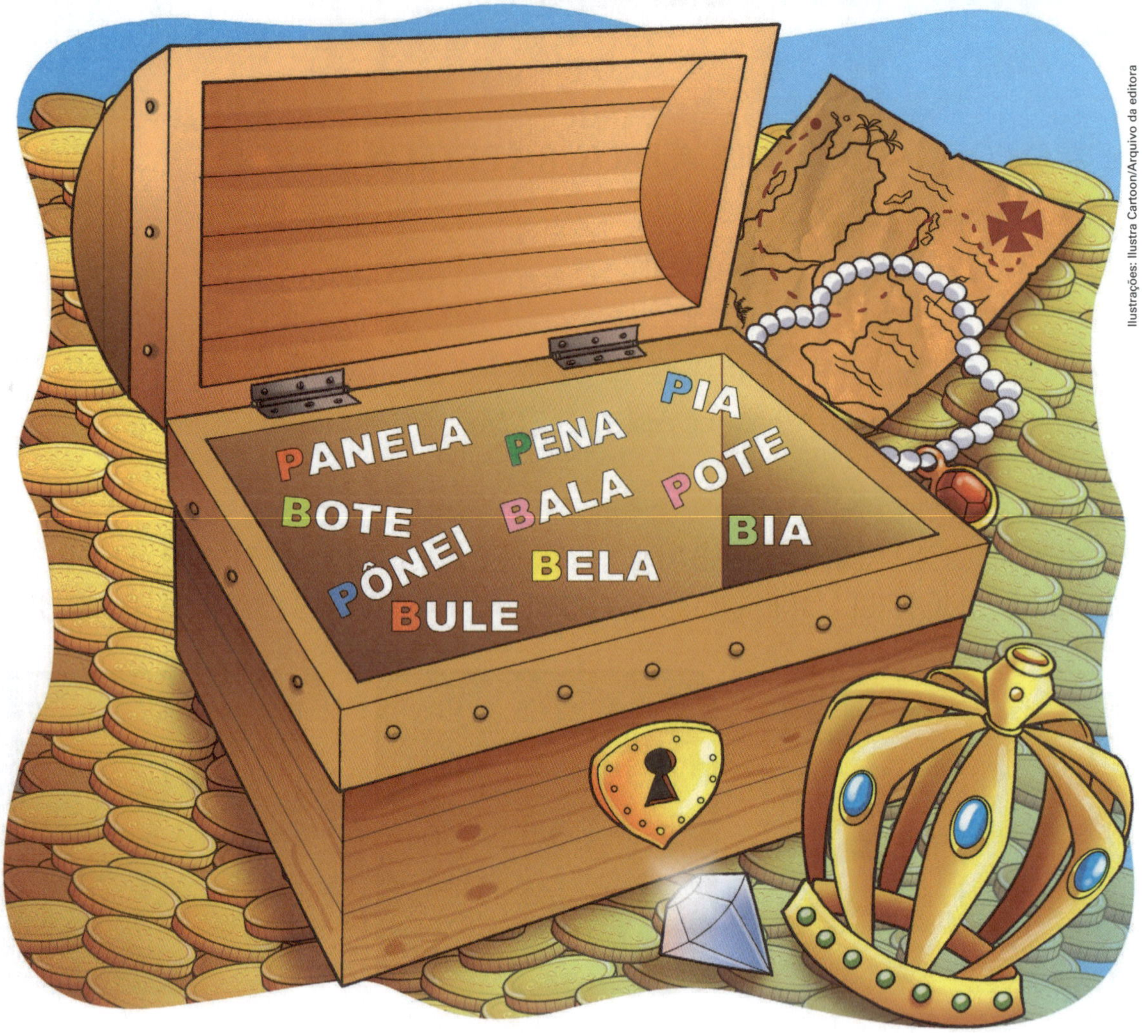

Ilustrações: Ilustra Cartoon/Arquivo da editora

- AGORA OBSERVE A LETRA INICIAL DE CADA PALAVRA E DISTRIBUA-AS NO QUADRO DE ACORDO COM ESSAS LETRAS.

B	P

4 LEIA A DEFINIÇÃO DA PALAVRA **PAPAGAIO**, RETIRADA DE UM DICIONÁRIO, E DIVIRTA-SE COM OS QUADRINHOS.

■ **PAPAGAIO** (PA-PA-GAI-O) *SUBSTANTIVO*

1. AVE DE PENAS VERDES E BICO CURVO E FORTE. ALIMENTA-SE PRINCIPALMENTE DE FRUTAS E SEMENTES. O PAPAGAIO CONSEGUE REPETIR A VOZ HUMANA.
2. BRINQUEDO FEITO COM VARINHAS DE BAMBU OU DE MADEIRA LEVE QUE FORMAM UMA PEÇA QUE É COBERTA DE PAPEL FINO, À QUAL É AMARRADA UMA LINHA COMPRIDA. POR SER MUITO LEVE, É LEVADO PELO VENTO, PODENDO SER PUXADO DE VOLTA PELA LINHA QUE O PRENDE; PIPA.
3. PESSOA QUE REPETE DE COR O QUE OUVE.

AURELINHO: DICIONÁRIO INFANTIL ILUSTRADO DA LÍNGUA PORTUGUESA, DE AURÉLIO BUARQUE DE HOLANDA FERREIRA. CURITIBA: POSITIVO, 2008.

Ilustrações: Fernando Gonsales/Arquivo da Editora

O TEMA É...

BRINCADEIRAS DE TODOS OS TEMPOS

"AS CRIANÇAS NO BRÁS PASSAVAM O DIA SOLTAS. MINHA IRMÃ, COMO AS OUTRAS MENINAS, NÃO IA PARA LONGE DO PORTÃO: BRINCAVA DE BONECA NO QUINTAL E DE AMARELINHA NA CALÇADA, PULAVA CORDA COM AS AMIGAS E ÀS VEZES JOGAVA FUTEBOL COMIGO."

NAS RUAS DO BRÁS, DE DRAUZIO VARELLA. SÃO PAULO: COMPANHIA DAS LETRINHAS, 2012.

FUTEBOL, ÓLEO SOBRE TELA, DE CANDIDO PORTINARI, 1935.

BRINCADEIRAS DE CRIANÇAS, AQUARELA EM PAPEL, DE CANDIDO PORTINARI, 1941.

- VOCÊ JÁ BRINCOU DE BONECA, PULOU CORDA, JOGOU FUTEBOL OU PULOU AMARELINHA? ONDE? COMO FOI?

ENTREVISTA

PULAR AMARELINHA, JOGAR PETECA, SOLTAR PAPAGAIO E BRINCAR DE RODA SÃO BRINCADEIRAS MUITO ANTIGAS, MAS QUE EXISTEM ATÉ HOJE.

VOCÊ JÁ IMAGINOU QUANTAS OUTRAS BRINCADEIRAS AS PESSOAS MAIS VELHAS CONHECEM?

ESCOLHA UM ADULTO DA FAMÍLIA OU DA VIZINHANÇA PARA ENTREVISTAR. CONVERSE COM ESSA PESSOA SOBRE AS BRINCADEIRAS DE QUE ELA MAIS GOSTAVA QUANDO ERA CRIANÇA. DEPOIS, FAÇA AS PERGUNTAS ABAIXO.

1. QUAL É O SEU NOME COMPLETO?
2. EM QUE CIDADE VOCÊ NASCEU?
3. QUAL É A SUA IDADE?
4. QUAL ERA A SUA BRINCADEIRA PREFERIDA NA INFÂNCIA?
5. COM QUEM VOCÊ BRINCAVA?
6. ONDE VOCÊ BRINCAVA?

Ilustra Cartoon/Arquivo da editora

- ANOTE AS RESPOSTAS EM SEU CADERNO OU GRAVE A ENTREVISTA.
- COMPARTILHE SUAS DESCOBERTAS COM OS COLEGAS.

r R

Paul Broadbent/Shutterstock/Glow Images

- VOCÊ JÁ VIU ESTE ANIMAL? ONDE?
- JÁ ASSISTIU A ALGUM FILME EM QUE ELE SEJA PERSONAGEM?

ra	Ra
ra	Ra

RATO
rato
rato

O **RA**TO É UM PEQUENO ROEDOR DE CAUDA LONGA ENCONTRADO NO MUNDO TODO. ALGUMAS ESPÉCIES VIVEM PRÓXIMAS AOS SERES HUMANOS; OUTRAS, COMO O RATO-DO-MATO, VIVEM EM ÁREAS RURAIS.

ATIVIDADES

1 AGORA LEIA O TRAVA-LÍNGUA RAPIDAMENTE.

O RATO ROEU A ROUPA
DO REI DE ROMA,
E A RAINHA RAIVOSA
RASGOU O RESTO.

TRAVA-LÍNGUA POPULAR

Ilustrações: Ilustra Cartoon/Arquivo da editora

- CIRCULE NO TRAVA-LÍNGUA AS PALAVRAS QUE O PROFESSOR VAI DITAR.

2 LEIA O POEMA ABAIXO COM OS COLEGAS. DEPOIS COPIE OS VERSOS SUBSTITUINDO AS FIGURAS PELA PALAVRA CORRESPONDENTE.

O R É O  QUE RÓI

A ROUPA DO  DA RÚSSIA

E RI DA RAIVA DA 

SEM RECEAR A 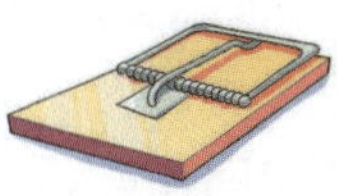 .

UMA LETRA PUXA A OUTRA, DE JOSÉ PAULO PAES. SÃO PAULO: COMPANHIA DAS LETRINHAS, 2000. (TEXTO ADAPTADO).

3 ACOMPANHE A LEITURA DESTA QUADRINHA. CIRCULE NELA A PALAVRA **ROSA**.

FUI FAZER A MINHA CAMA
NA JANELA MAIS VENTOSA;
DEU UM VENTO NA ROSEIRA
ME ENCHEU A CAMA DE ROSA.

QUADRINHA POPULAR

Ilustra Cartoon/Arquivo da editora

4 COMPLETE O NOME DAS FIGURAS COM AS SÍLABAS **RA**, **RE**, **RI**, **RO** OU **RU**. USE LETRA CURSIVA.

..........bô

..........da

..........posa

Ilustrações: Mario Pita/Arquivo da editora

..........a

..........acho

..........lógio

5 OBSERVE AS IMAGENS.

1

Deymos.HR/Shutterstock/Glow Images

2

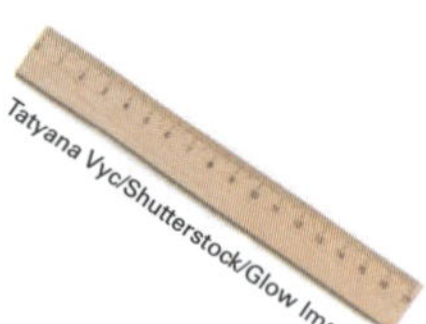

Tatyana Vyc/Shutterstock/Glow Images

3

PRILL/Shutterstock/Glow Images

4

Kostsov/Shutterstock/Glow Images

- AGORA LEIA AS PALAVRAS ABAIXO E NUMERE-AS DE ACORDO COM AS IMAGENS ACIMA.

( ) RÁDIO ( ) REDE ( ) ROBÔ ( ) RÉGUA

6 PINTE COM A MESMA COR OS CÍRCULOS QUE TÊM SÍLABAS COM O MESMO TIPO DE LETRA.

re | BA | TE | vis | RA | ro | NE | ta | sa

- AGORA ORDENE AS SÍLABAS PARA FORMAR PALAVRAS E ESCREVA-AS EMBAIXO DAS FIGURAS CORRESPONDENTES.

pukach/Shutterstock/Glow Images

Soyka/Shutterstock/Glow Images

....

....

Ekaterina_Minaeva/Shutterstock/Glow Images

....

s S

Tom Reichner/Shutterstock/Glow Images

- VOCÊ JÁ VIU UM SAPO?
- VOCÊ SABE COMO ELE NASCE? E ONDE VIVE?

sa Sa

sa Sa

SAPO

sapo

sapo

O **SA**PO É UM ANIMAL QUE VIVE NA TERRA E NA ÁGUA. ANTES DE SE TORNAREM ADULTOS, OS SAPOS SÃO GIRINOS E VIVEM SOMENTE NA ÁGUA.

O SAPO SE ALIMENTA DE INSETOS.

ATIVIDADES

1 PARA DESCOBRIR A RESPOSTA DA ADIVINHA, LIGUE AS LETRAS DA FIGURA NA ORDEM ALFABÉTICA. DEPOIS ESCREVA O NOME DO ANIMAL.

DENTRO DO BREJO,
SOU O MAIORAL.
JANTAR INSETOS
PARA MIM É NORMAL.

ADIVINHAS E TRAVA-LÍNGUAS, DE M. MAÑERU E L. MAESO. TRADUÇÃO DE WALTER SAGARDOY. SÃO PAULO: CARAMELO, 2009.

2 LEIA A QUADRINHA.

SUBI NA TORRE DO SINO,
PARA VER COMO O SOL DANÇA,
ENQUANTO VOCÊ NÃO FOR MINHA,
MEU CORAÇÃO NÃO DESCANSA.

QUADRINHA POPULAR

A) CIRCULE AS PALAVRAS INICIADAS COM **S**.

B) USE DUAS DAS PALAVRAS QUE VOCÊ CIRCULOU PARA ESCREVER O NOME DAS FIGURAS ABAIXO.

UMB-O/Shutterstock/Glow Images

Yulia Grigoryeva/Shutterstock/Glow Images

3 CIRCULE AS PALAVRAS QUE DÃO NOME ÀS FIGURAS.

SOFÁ
SOL
SODA

SUELI
SUCO
SUÉCIA

SAPATO
SALADA
SACOLA

SELO
SECO
SEDE

SIMONE
SINAL
SINO

SOFÁ
SAIA
SOLA

Ilustrações: Ilustra Cartoon/Arquivo da editora

- ESCREVA ABAIXO AS PALAVRAS QUE VOCÊ CIRCULOU.

....

4 DESENHE UM OBJETO INICIADO COM A LETRA **S**. ESCREVA O NOME DELE.

....

5 CANTE A CANTIGA A SEGUIR ACOMPANHANDO COM O DEDO.

SAPO-CURURU

SAPO-CURURU
NA BEIRA DO RIO,
QUANDO O SAPO GRITA,
Ó MANINHA,
É PORQUE TEM FRIO.

A MULHER DO SAPO
DEVE ESTAR LÁ DENTRO
FAZENDO RENDINHA,
Ó MANINHA,
PARA O CASAMENTO.

CANTIGA POPULAR

Salim October/Shutterstock/Glow Images

A) EM QUE LUGAR ESTÁ O SAPO-CURURU?

Ilustrações: Ilustra Cartoon/Arquivo da editora

B) O SAPO GRITA QUANDO:

( ) ESTÁ COM FRIO.

( ) ESTÁ TRISTE.

C) O QUE A MULHER DO SAPO ESTÁ FAZENDO?

t T

Fabio Colombini/Acervo do fotógrafo

- VOCÊ SABE QUAL É O NOME DESTE ANIMAL?
- VOCÊ SABIA QUE ESTE ANIMAL ESTÁ AMEAÇADO DE EXTINÇÃO?

ta **Ta**
ta Ta

TATU
tatu
tatu

O **TA**TU-CANASTRA É ENCONTRADO NA MAIOR PARTE DA AMÉRICA DO SUL. ELE MEDE CERCA DE 1 METRO DE COMPRIMENTO E ESTÁ AMEAÇADO DE EXTINÇÃO.

ATIVIDADES

1 OUÇA O TRAVA-LÍNGUA QUE O PROFESSOR VAI LER. DEPOIS TENTE REPETI-LO SEM ERRAR!

O TATU TA AÍ?
NÃO, O TATU NÃO TÁ.
MAS A MULHER DO TATU TANDO
É O MESMO QUE O TATU TÁ.

TRAVA-LÍNGUA POPULAR

Ilustra Cartoon/Arquivo da editora

- AGORA CIRCULE NO TEXTO A PALAVRA **TATU**.

2 JUNTE AS SÍLABAS DO QUADRO E FORME PALAVRAS. DEPOIS DISTRIBUA-AS NO QUADRO.

MA	TA	TE	TO	TA
TI	DA	CA	BA	PE

PALAVRAS COM TRÊS SÍLABAS	PALAVRAS COM DUAS SÍLABAS

3 COPIE AS FRASES SUBSTITUINDO AS IMAGENS PELA PALAVRA CORRESPONDENTE.

Tatiana pediu uma  nova.

peerasak kamngoen/Shutterstock/Glow Images

Sergey Petrov/Shutterstock/Glow Images

Otávio viu o  no lago.

optimarc/Shutterstock/Glow Images

Roberta emprestou seu  a Tomás.

4 ORDENE AS SÍLABAS E FORME PALAVRAS QUE INDICAM MEIOS DE COMUNICAÇÃO.

Sergiy1975/Shutterstock/Glow Images

SÃO TE VI LE

zeber/Shutterstock/Glow Images

VIS RE TA

Abel Tumik/Shutterstock/Glow Images

FO LE NE TE

5 DESCUBRA NOVAS PALAVRAS TROCANDO O **D** PELO **T**.

DIA →

NADA →

CADA →

DELA →

6 CONSULTE O QUADRO E ESCREVA O NOME DOS ANIMAIS ABAIXO.

GATO	TIGRE	ELEFANTE
TUCANO	BORBOLETA	TUBARÃO

karamysh/Shutterstock/Glow Images

EcoPrint/Shutterstock/Glow Images

Ewa Studio/Shutterstock/Glow Images

....

Bildagentur Zoonar GmbH/Shutterstock/Glow Images

Fabio Colombini/Acervo do fotógrafo

Ondrej Prosicky/Shutterstock/Glow Images

....

7 ACOMPANHE A LEITURA DA QUADRINHA.

TICO-TICO RASTEIRINHO,
TIRA O GALHO DO CAMINHO,
QUE A NOITE QUERO PASSAR,
TENHO MEDO DOS ESPINHOS.

QUADRINHAS BRASILEIRAS, DE SÍLVIO ROMERO.
SÃO PAULO: SCIPIONE, 2011.

Ilustra Cartoon/Arquivo da editora

A) CIRCULE AS PALAVRAS INICIADAS COM **T**.

B) COPIE O NOME DO PÁSSARO QUE APARECE NO TEXTO.

....

v V

Fabio Colombini/Acervo do fotógrafo

- VOCÊ JÁ VIU UMA VACA?
- O QUE VOCÊ SABE SOBRE ESSE ANIMAL?

va Va

va Va

VACA

vaca

vaca

A **VA**CA PASSA CERCA DE SEIS HORAS POR DIA COMENDO. ELA É HERBÍVORA, ISTO É, SÓ SE ALIMENTA DE VEGETAIS.

ATIVIDADES

1 RECITE A PARLENDA ABAIXO COM OS COLEGAS E, DEPOIS, FIQUEM EM SILÊNCIO. QUEM SERÁ O PRIMEIRO A FALAR?

VACA AMARELA
PULOU A JANELA.
QUEM FALAR PRIMEIRO,
VAI FICAR COM O RABO DELA.

PARLENDA POPULAR

Ilustrações: Ilustra Cartoon/Arquivo da editora

A) CIRCULE A PALAVRA **VACA**.

B) DE QUE COR É A VACA DO TEXTO? PINTE-A.

2 FORME O NOME DAS FIGURAS COM AS SÍLABAS DO QUADRO.

VA	O	VÃO	LI	VI	NO	SO
PA	VE	ÃO	CA	LE	TE	A

....

....

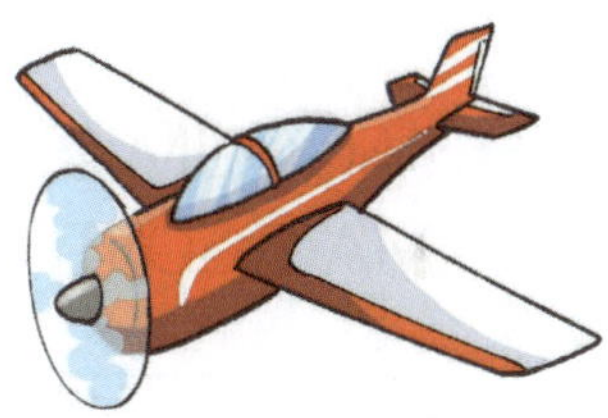

....

....

....

....

3 ACOMPANHE A LEITURA DO TRAVA-LÍNGUA.

O VAMPIRO VALDOMIRO
VOA VIGOROSAMENTE
VAI DANÇAR LÁ NA VARSÓVIA
CRUZA O VALE VELOZMENTE
VALSA A NOITE INTEIRINHA
VIVE A VIDA AVIDAMENTE

Ilustra Cartoon/Arquivo da editora

ABC DO TRAVA-LÍNGUA, DE ROSINHA. SÃO PAULO: ED. DO BRASIL, 2012.

A) CIRCULE AS PALAVRAS INICIADAS COM A LETRA **V**.

B) ESCREVA O NOME DO VAMPIRO.

....

C) QUAL É A DANÇA QUE O VAMPIRO VAI DANÇAR?

....

D) O VAMPIRO CRUZA O VALE:

( ) DEVAGAR. ( ) VELOZMENTE. ( ) LENTAMENTE.

E) FAÇA UM DESENHO DA PARTE DO TRAVA-LÍNGUA DE QUE VOCÊ MAIS GOSTOU.

4 LEIA O TEXTO A SEGUIR E CIRCULE AS PALAVRAS QUE TÊM SÍLABA(S) COM **V**.

POLVO

OITO BRAÇOS PRA NADAR,
OITO BRAÇOS PRA ABRAÇAR.
"CHEGA MAIS QUE EU TE ENVOLVO",
ACENA OITO VEZES O POLVO.

PLANETA BICHO: UM ALMANAQUE ANIMAL!, DE LUIZ ROBERTO GUEDES.
SÃO PAULO: FORMATO, 2011.

A) QUEM TEM OITO BRAÇOS?

....

B) COPIE DO TEXTO AS PALAVRAS QUE RIMAM COM:

NADAR: .... ENVOLVO: ....

C) DESENHE OS BRAÇOS QUE FALTAM NO POLVO.

Ilustrações: Ilustra Cartoon/Arquivo da editora

x X

- VOCÊ JÁ JOGOU XADREZ OU VIU ALGUÉM JOGANDO?
- SABE COMO SE JOGA?

xa Xa
xa Xa

XADREZ
xadrez
xadrez

O **XA**DREZ É UM JOGO DE TABULEIRO DISPUTADO POR DOIS PARTICIPANTES. NELE, CADA PEÇA TEM UM NOME E SE MOVIMENTA DE MANEIRA DIFERENTE. O OBJETIVO É ATACAR O ADVERSÁRIO E DEFENDER O REI.

ATIVIDADES

1 COMPLETE O NOME DAS FIGURAS COM **XA**, **XE**, **XI** OU **XO**.

CAI		TE

LI	

A	BA	CA	

BE		GA

PEI	

	LE

Ilustrações: Ilustra Cartoon/ Arquivo da editora

2 LEIA AS PALAVRAS DO QUADRO.

PEIXE	CAIXOTE	ROXO	XÍCARA
AMEIXA	XALE	LIXO	BEXIGA
FAXINA	ABACAXI	XAROPE	BAIXO

A) OUÇA AS PALAVRAS QUE SERÃO DITADAS E CIRCULE-AS.

B) COPIE AS PALAVRAS QUE NÃO FORAM DITADAS.

....

....

....

3 OUÇA A LEITURA DO POEMA E CIRCULE AS PALAVRAS QUE TÊM A LETRA **X**.

CADA UM NO SEU LUGAR

O LIXO NO LIXO
VAMOS COLOCAR.
AS COISAS DO LIXO
VAMOS SEPARAR.

TEM LIXO DE PLÁSTICO,
VIDRO E PAPEL.
TEM LIXO DE TUDO:
O LIXO A GRANEL.

LIXO DE HOSPITAL,
LIXO CONTAMINADO.
COM TODOS OS LIXOS
TENHAMOS CUIDADO. [...]

POESIA PELA CIDADANIA,
DE ODETE RODRIGUES BARAÚNA.
SÃO PAULO: SCIPIONE, 2012.

Ilustra Cartoon/Arquivo da editora

A) CONVERSE COM OS COLEGAS E O PROFESSOR:

- VOCÊ TEM O HÁBITO DE JOGAR O LIXO NA LIXEIRA?
- POR QUE ESSA ATITUDE É IMPORTANTE?
- EM SUA CASA, O LIXO É SEPARADO PARA RECICLAGEM?

B) COPIE A FRASE TROCANDO A FIGURA PELA PALAVRA CORRESPONDENTE. USE LETRA CURSIVA.

Nem tudo o que jogamos fora é  .

4 LEIA AS PALAVRAS DO QUADRO.

PEIXE	ABACAXI	ROXO
LIXO	BAIXO	XADREZ

- ESCREVA A PALAVRA QUE INDICA:

A) FRUTA: ....

B) ANIMAL QUE VIVE NA ÁGUA: ....

C) NOME DE UMA COR: ....

D) O QUE É JOGADO FORA: ....

E) AQUILO OU QUEM TEM POUCA ALTURA: ....

F) CERTO JOGO DE TABULEIRO: ....

5 COMPLETE O QUADRO COM AS SÍLABAS QUE ESTÃO FALTANDO. DEPOIS ESCREVA FRASES UTILIZANDO AS PALAVRAS ESTUDADAS. VEJA O EXEMPLO.

SÍLABA	PALAVRA	FRASE
XI	ABACAXI	Eu gosto de abacaxi.
	AMEIXA	
	PEIXE	
	CAIXOTE	

z Z

Bildagentur Zoonar GmbH/Shutterstock/Glow Images

- VOCÊ JÁ VIU UMA ZEBRA? ONDE?
- COMO ERA O LUGAR ONDE ELA ESTAVA?

ze Ze

ze Ze

ZEBRA

zebra

zebra

A **ZE**BRA É UM MAMÍFERO NATIVO DO CONTINENTE AFRICANO. AS ZEBRAS FAZEM PARTE DA MESMA FAMÍLIA DOS CAVALOS, BURROS E ASNOS. ELAS TÊM LISTRAS PARALELAS PRETAS OU CASTANHO-ESCURAS.

ATIVIDADES

1. VOCÊ JÁ VIU ZEBRA DE PIJAMA? LEIA ESTE POEMA.

A ZEBRA

COM A ZEBRA,
NUNCA INSISTA.
QUANDO ELA VAI PARA A CAMA,
SÓ USA PIJAMA DE LISTRA.

BICHOS DIVERSOS, DE ARISTIDES TORRES FILHO. SÃO PAULO: SCIPIONE, 2007. (TEXTO ADAPTADO).

Ilustra Cartoon/Arquivo da editora

- QUEM SÓ USA PIJAMA DE LISTRA?

....

Saiba mais

AS LISTRAS DAS ZEBRAS PARECEM IGUAIS, MAS NUNCA SE REPETEM. CADA ZEBRA TEM UMA ESTAMPA ÚNICA.

AS LISTRAS FUNCIONAM COMO CAMUFLAGEM PARA AS ZEBRAS SE PROTEGEREM DOS SEUS PRINCIPAIS PREDADORES: LEÕES E HIENAS.

Jose Gil/Shutterstock/GlowImages

AS LISTRAS DAS ZEBRAS NUNCA SE REPETEM.

2 COMPLETE AS PALAVRAS COM **ZE**.

11 → ON..................

12 → DO..................

13 → TRE..................

14 → CATOR..................

15 → QUIN..................

16 → DE..................SSEIS

3 LEIA AS PALAVRAS DO QUADRO E COMPLETE A CRUZADINHA DE ACORDO COM A QUANTIDADE DE LETRAS.

4 LETRAS	**5 LETRAS**	**6 LETRAS**	**7 LETRAS**	**8 LETRAS**
AZUL	ZEBRA	BUZINA	AZULEJO	AZEITONA
~~ZERO~~	AZEDO		BEZERRO	NATUREZA
	VAZIO		VIZINHO	

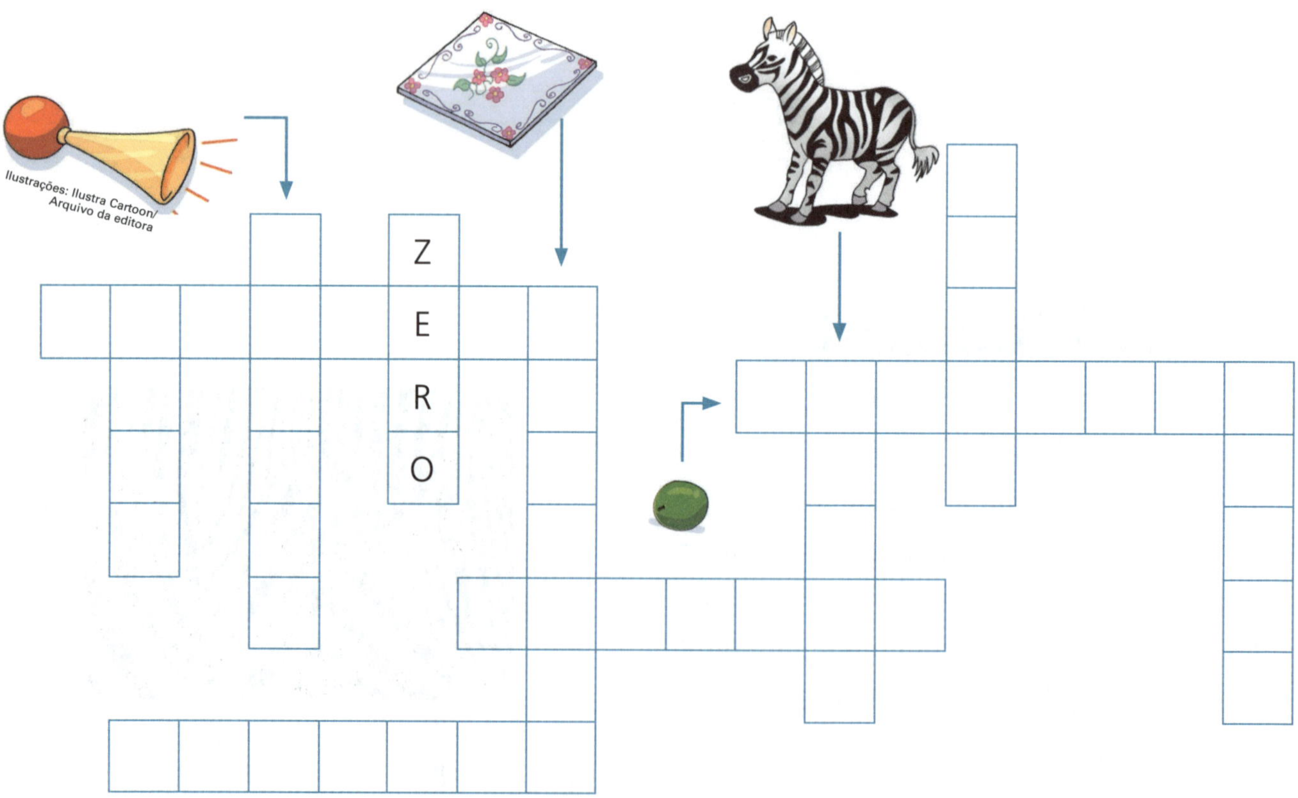

Ilustrações: Ilustra Cartoon/Arquivo da editora

4 LEIA COM OS COLEGAS DE CLASSE.

ZEBRA

A ZEBRA PARECE
QUE ACABOU DE ACORDAR
COM SEU PIJAMA LISTRADO
QUE NUNCA PODE TIRAR.

QUEM FOI QUE PINTOU A ZEBRA
COM LISTRAS TÃO DIFERENTES?
FOI A MAMÃE NATUREZA,
MÃE DAS MAIS INTELIGENTES.

DONA ZEBRA VIVE SOLTA
APESAR DA ROUPA DE PRESA
(PROVA DA INTELIGÊNCIA
DA NOSSA MÃE NATUREZA...).

ÀS VEZES PENSO NA ZEBRA,
ME COÇO E FAÇO CARETAS:
É PRETA COM LISTRAS BRANCAS?
É BRANCA COM LISTRAS PRETAS?

AGORA VOU PERGUNTAR
MAIS UMA VEZ A VOCÊ:
— SE VOCÊ FOSSE UM BICHINHO,
QUE BICHO QUERIA SER?

JARDIM ZOOLÓGICO, DE CARLOS PIMENTEL.
SÃO PAULO: FORMATO, 2006.

Ilustra Cartoon/Arquivo da editora

- AGORA, NO CADERNO, COPIE A PERGUNTA FEITA NO FINAL DO POEMA E RESPONDA COM UM DESENHO.

K, W, Y

Hurst Photo/Shutterstock/Glow Images

- ALGUÉM DA SUA TURMA TEM NO NOME AS LETRAS **K**, **W** OU **Y**?
- VOCÊ SABE EM QUE PALAVRAS SÃO USADAS ESSAS LETRAS?

KÁTIA **W**ALTER **W**ILSON **Y**ARA

Kátia **W**alter **W**ilson **Y**ara

Kátia Walter Wilson Yara

AS LETRAS **K**, **W** E **Y** SÃO USADAS EM NOMES E PALAVRAS DE ORIGEM ESTRANGEIRA, MARCAS DE PRODUTOS E SÍMBOLOS.

ATIVIDADES

1 COPIE O NOME DAS CRIANÇAS DA FOTO DA PÁGINA ANTERIOR.

- AGORA ESCREVA O NOME DE UM COLEGA OU CONHECIDO QUE TENHA A LETRA **K**, **W** OU **Y**.

....

2 NO ALFABETO DO QUADRO ESTÃO FALTANDO AS LETRAS **K**, **W** E **Y**. VAMOS ESCREVÊ-LAS?

A	B	C	D	E	F	G	H	I	J	....	L	M
N	O	P	Q	R	S	T	U	V	....	X	....	Z

3 PESQUISE EM JORNAIS E REVISTAS PALAVRAS QUE TENHAM AS LETRAS **K**, **W** E **Y**. COPIE-AS NO ESPAÇO ABAIXO.

4 OBSERVE A CAPA DESTE FILME E DESTE LIVRO. QUE PALAVRAS COM **K**, **W** OU **Y** VOCÊ CONSEGUE LER? COPIE-AS ABAIXO.

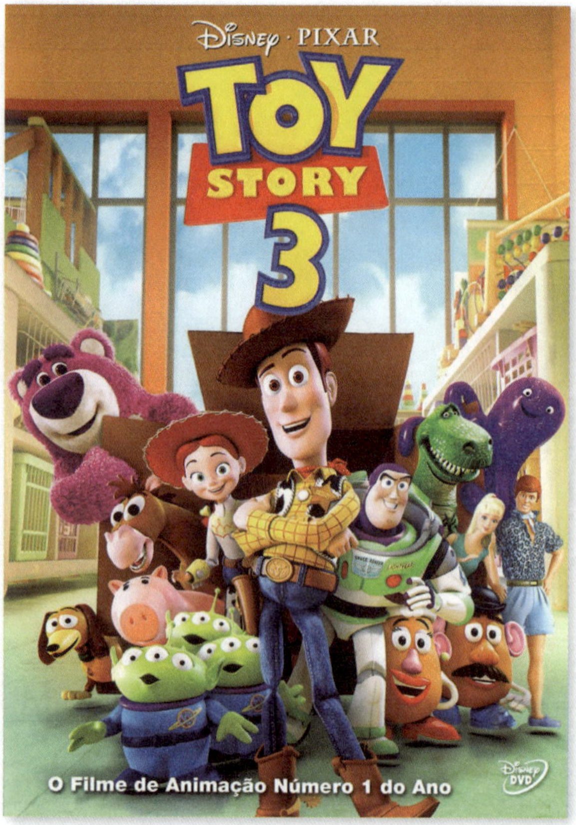

Reprodução/Walt Disney Pictures

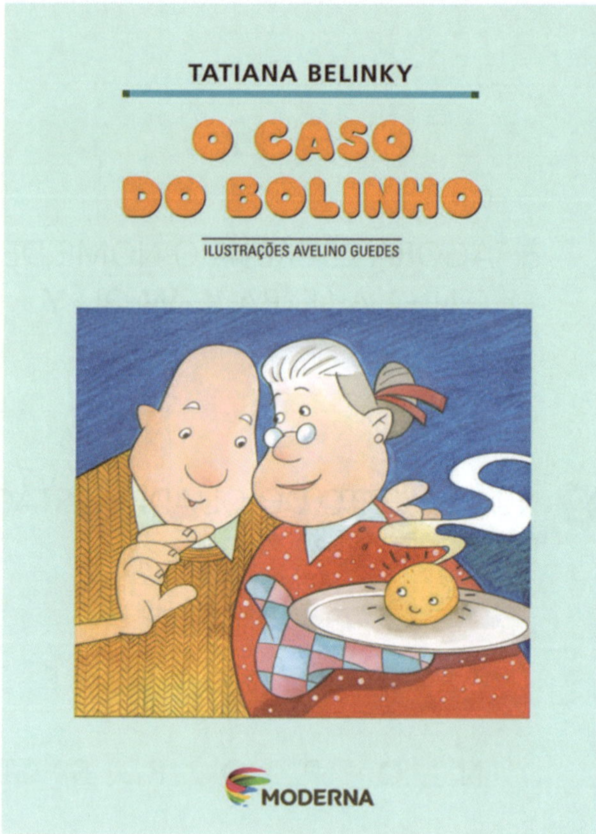

Reprodução/Editora Moderna

5 O PROFESSOR FEZ UMA LISTA DOS ALUNOS QUE TÊM AS LETRAS **K**, **W** OU **Y** NO NOME. VEJA:

Wellington

Karen

Wilson

Yasmim

Yago

Walter

Wilma

Yara

- AGORA ESCREVA OS NOMES NO QUADRO.

NOMES DE MENINO	NOMES DE MENINA

IDEIAS EM AÇÃO

DESCUBRA A PALAVRA

QUE TAL APRENDER NOVAS PALAVRAS DE UM JEITO DIVERTIDO?

MATERIAL NECESSÁRIO:

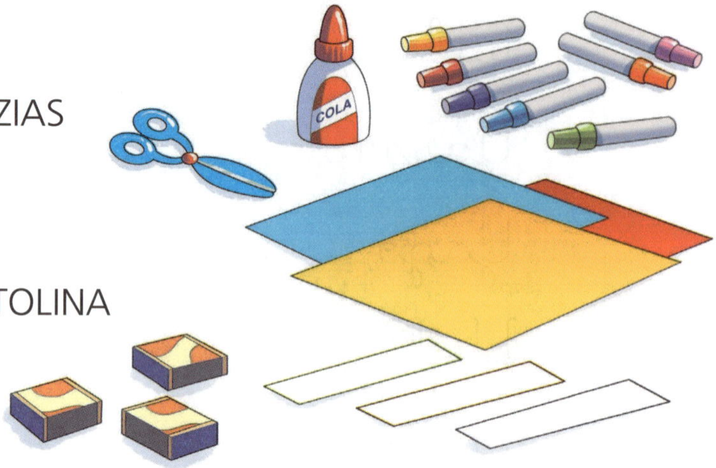

- 3 CAIXAS DE FÓSFOROS VAZIAS
- PAPEL COLORIDO
- COLA
- 3 TIRAS PEQUENAS DE CARTOLINA
- CANETINHAS COLORIDAS
- TESOURA SEM PONTA

COMO FAZER:

Ilustrações: Ilustra Cartoon/Arquivo da editora

- USE O PAPEL COLORIDO PARA DECORAR AS CAIXAS DE FÓSFOROS.
- ESCREVA TRÊS PALAVRAS DE DUAS SÍLABAS NAS TIRAS DE CARTOLINA.
- CORTE ESSAS PALAVRAS EM SÍLABAS.
- COLOQUE AS SÍLABAS DE CADA PALAVRA DENTRO DE CADA CAIXINHA DE FÓSFOROS.

COMO BRINCAR:

Ilustra Cartoon/Arquivo da editora

- ESCOLHA UM COLEGA PARA FAZER DUPLA COM VOCÊ.
- ESCREVA AS PALAVRAS QUE VOCÊ CRIOU EM UMA FOLHA DE PAPEL, MAS NÃO DEIXE QUE O COLEGA SAIBA QUE PALAVRAS SÃO ESSAS. TROQUEM AS CAIXINHAS.
- VOCÊ FORMARÁ TRÊS PALAVRAS COM AS SÍLABAS DAS CAIXINHAS DELE. E ELE FORMARÁ TRÊS PALAVRAS COM AS SÍLABAS DAS SUAS CAIXINHAS.
- COPIEM EM UMA FOLHA DE PAPEL AS PALAVRAS QUE VOCÊS FORMARAM.
- DEPOIS, COMPAREM AS LISTAS. AS PALAVRAS QUE O COLEGA FORMOU SÃO IGUAIS OU DIFERENTES DAS CRIADAS POR VOCÊ QUANDO MONTOU AS CAIXINHAS?
- VOCÊ PODERÁ COPIAR AS PALAVRAS DIFERENTES CRIADAS POR ELE, E O COLEGA, AS CRIADAS POR VOCÊ.

UNIDADE 4

OUTRAS PALAVRAS, OUTROS SONS

VAMOS CONVERSAR?

- VOCÊ SABE O QUE É UMA BIBLIOTECA? JÁ ESTEVE EM UMA?
- O QUE AS CRIANÇAS DA IMAGEM ESTÃO FAZENDO?
- VOCÊ CONSEGUE LER O TÍTULO DOS LIVROS QUE ESTÃO SOBRE A MESA?

O QUE VOU ESTUDAR?

- SÍLABAS COMPLEXAS
- SOM DAS LETRAS
- POEMAS, CANTIGAS, FÁBULAS, TRAVA-LÍNGUAS E LETRAS DE CANÇÃO

Ilustra Cartoon/Arquivo da editora

CACHORRO VIRA-LATA
CONTOS ESTELARES
COELHOS
DE C A F
DE G A J
DICIONÁRIO
CONTOS DAS ONZE E MEIA
A HISTÓRIA
HISTÓRIA EM QUADRINHOS
POEMAS INFANTIS

ARARA

Kamonrat/Shutterstock/Glow Images

- VOCÊ JÁ VIU UMA ARARA? QUAL ERA A COR DELA?
- O QUE VOCÊ SABE SOBRE AS ARARAS?

ARARA

arara

arara

AS A**RA**RAS SÃO AVES MUITO BELAS, QUE ENCANTAM A TODOS COM SUA COR E SOM ALEGRE.

POR CAUSA DA CAÇA E DA VENDA ILEGAIS E DA DESTRUIÇÃO DA NATUREZA, A ARARA ESTÁ AMEAÇADA DE EXTINÇÃO.

ATIVIDADES

1 LEIA O POEMA SOBRE A ARARA.

RARIDADE

A ARARA
É UMA AVE RARA
POIS O HOMEM NÃO PARA
DE IR AO MATO CAÇÁ-LA
PARA A PÔR NA SALA
EM CIMA DE UM POLEIRO
ONDE ELA FICA O DIA INTEIRO
FAZENDO ESCARCÉU
PORQUE JÁ NÃO PODE
VOAR PELO CÉU.

E SE O HOMEM NÃO PARA
DE CAÇAR ARARA,
HOJE UMA AVE RARA,
OU A ARARA SOME
OU ENTÃO MUDA SEU NOME
PARA ARRARA.

OLHA O BICHO, DE JOSÉ PAULO PAES. SÃO PAULO: ÁTICA, 2011.

Ilustra Cartoon/Arquivo da editora

A) PINTE AS PALAVRAS QUE RIMAM.

B) POR QUE VOCÊ ACHA QUE O POEMA SE CHAMA **RARIDADE**?

C) CIRCULE AS PALAVRAS EM QUE O **R** TEM O MESMO SOM QUE NA PALAVRA **ARARA**.

2 COMPLETE O NOME DE CADA ANIMAL COM **RA**, **RI**, **RO** OU **RU**. DEPOIS LEIA AS PALAVRAS EM VOZ ALTA E COPIE-AS COM LETRA CURSIVA.

Jurgen Vogt/Shutterstock/Glow Images

Paulo Melo/Shutterstock/Glow Images

go..........la

co..........ja

PicturesWild/Shutterstock/Glow Images

JuliusKielaitis/Shutterstock/Glow Images

rinoce..........nte

capiva..........

3 LEIA ESTAS PALAVRAS E PRESTE ATENÇÃO NO SOM DA CONSOANTE **R**.

RATO

A**R**A**R**A

- O QUE VOCÊ PERCEBEU? CONVERSE COM OS COLEGAS E O PROFESSOR.

4 LEIA A LETRA DA CANÇÃO A SEGUIR. DEPOIS, CANTE-A E DANCE COM OS COLEGAS.

A BARATA

EU VI UMA **BARATA**
COM A **TESOURA** NA MÃO,
CORTANDO CALÇAS, CAMISAS,
VESTIDOS DE BABADÃO.

EU VI UMA BARATA
SENTADA FAZENDO **RENDA**,
E TAMBÉM EU VI UM **RATO**
SER **CAIXEIRO** DE UMA VENDA.

EU VI UMA BARATA
NA JANELA **NAMORANDO**,
VI UM SAPO DE LUNETA
PELA **RUA** PASSEANDO.

Ilustra Cartoon/Arquivo da editora

O CRAVO E A ROSA E OUTROS CANTOS, DE SÍLVIO ROMERO. SÃO PAULO: SCIPIONE, 2008.

- OBSERVE AS PALAVRAS DESTACADAS E DISTRIBUA-AS NO QUADRO ABAIXO, DE ACORDO COM O SOM DA LETRA **R**.

RATO	A**RARA**

TERRA

Reprodução/NASA

- O QUE VOCÊ SABE DO NOSSO PLANETA?

TERRA
Terra
Terra

A TE**RR**A GIRA SEM PARAR AO REDOR DE SI MESMA, POR ISSO EXISTE O DIA E A NOITE. AO MESMO TEMPO, ELA GIRA AO REDOR DO SOL, FAZENDO COM QUE OCORRAM AS ESTAÇÕES DO ANO.

ATIVIDADES

1 ESCREVA UMA FRASE COM A PALAVRA **TERRA** PARA CADA UMA DAS FOTOS.

Reprodução/NASA

13Imagery/Shutterstock/Glow Images

....

....

....

....

....

....

2 COMPLETE AS PALAVRAS COM **RR**. DEPOIS LEIA AS PALAVRAS.

Picsfive/Shutterstock/Glow Images

ga..............afa

Rawpixel/Shutterstock/Glow Images

ca..............o

Pincarel/Shutterstock/Glow Images

se..............ote

Chimpinski/Shutterstock/Glow Images

fe..............o

Michal Dzierzynski/Shutterstock/Glow Images

ja..............a

Jurgen Vogt/Shutterstock/Glow Images

bo..............acha

3 OBSERVE AS FOTOS E LEIA AS PALAVRAS CORRESPONDENTES EM VOZ ALTA. DEPOIS SEPARE AS SÍLABAS DAS PALAVRAS NOS QUADRINHOS.

Cbenjasuwan/Shutterstock/Glow Images

BARRACA

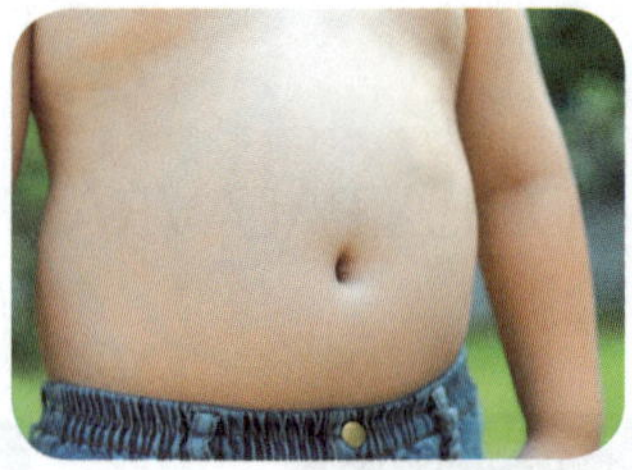
kwanchai.c/Shutterstock/Glow Images

BARRIGA

ISchmidt/Shutterstock/Glow Images

GORRO

4 OBSERVE AS FIGURAS E ACOMPANHE A LEITURA DAS FRASES.

Ilustrações: Ilustra Cartoon/Arquivo da editora

( ) O MOTORISTA DEU CARONA A RUI.

( ) O CARRO DE RUI ATOLOU NA LAMA.

( ) RUI PEDIU AJUDA AO MOTORISTA DA CARRETA.

A) ESCREVA EM CADA CÍRCULO O NÚMERO DA FIGURA CORRESPONDENTE.

B) PINTE AS PALAVRAS NAS FRASES, CONFORME A LEGENDA:

PALAVRAS QUE TÊM **R** ENTRE AS VOGAIS (SOM FRACO).

PALAVRAS QUE TÊM **R** NO INÍCIO (SOM FORTE).

PALAVRAS QUE TÊM **RR** (SOM FORTE).

5 LEIA O POEMA COM OS COLEGAS.

O CACHORRO

Ilustrações: Ilustra Cartoon/Arquivo da editora

SE VÊ UM FOCINHO DE RATO,
JÁ FICA TODO AMEDRONTADO.

SE VÊ UMA ANTENA DE BARATA,
JÁ FICA TODO ARREPIADO.

SE VÊ UM RABO DE LAGARTIXA,
JÁ FICA TODO APAVORADO.

O NOME DESSE CACHORRO NÃO DEVIA SER CACHORRO.
O NOME DESSE CACHORRO DEVIA SER SOCORRO.

O OUTRO NOME DO BICHO, DE CHICO HOMEM DE MELO. SÃO PAULO: SCIPIONE, 2007.

A) COMPLETE A FRASE COM O NOME DAS FIGURAS.

SE O .... VÊ UMA ANTENA DE ....,

FICA TODO ....

B) RESPONDA ORALMENTE:

- POR QUE O NOME DESSE CACHORRO DEVIA SER SOCORRO? VOCÊ CONCORDA COM ISSO?

RAPOSA

olga_gl/Shutterstock/Glow Images

- VOCÊ JÁ VIU UMA RAPOSA? COMO ELA ERA?
- VOCÊ SABE QUAL É O ALIMENTO PREFERIDO DA RAPOSA?

RAPOSA

raposa

raposa

A RAPO**SA** TEM O FOCINHO COMPRIDO E A CAUDA BEM PELUDA. ESSE ANIMAL É UM MAMÍFERO CARNÍVORO.

O ALIMENTO PREFERIDO DA RAPOSA SÃO AS AVES.

ATIVIDADES

1 ACOMPANHE A LEITURA DESTA FÁBULA.

A RAPOSA E AS UVAS

UMA RAPOSA PASSOU POR BAIXO DE UMA PARREIRA CARREGADA DE LINDAS UVAS.

Ilustra Cartoon/Arquivo da editora

FICOU LOGO COM MUITA VONTADE DE APANHAR AS UVAS PARA COMER.

DEU MUITOS SALTOS, TENTOU SUBIR NA PARREIRA, MAS NÃO CONSEGUIU.

DEPOIS DE MUITO TENTAR FOI-SE EMBORA, DIZENDO:

— EU NEM ESTOU LIGANDO PARA AS UVAS. ELAS ESTÃO VERDES MESMO...

FÁBULAS DE ESOPO, DE RUTH ROCHA. SÃO PAULO: FTD, 2006.

A) ASSINALE COM UM **X** A FIGURA QUE MOSTRA POR ONDE A RAPOSA PASSOU.

Ilustrações: Ilustra Cartoon/Arquivo da editora

B) O QUE A RAPOSA QUERIA?

....

C) ONDE AS UVAS ESTAVAM?

....

D) NA FÁBULA, A RAPOSA CONSEGUE ALCANÇAR AS UVAS?

( ) SIM ( ) NÃO

E) QUAL FOI A DESCULPA DADA PELA RAPOSA POR NÃO TER CONSEGUIDO PEGAR AS UVAS?

( ) AS UVAS ESTAVAM VERDES.

( ) AS UVAS ESTAVAM MUITO MADURAS.

2 LEIA AS PALAVRAS DO QUADRO E ENCONTRE AS RESPOSTAS DAS ADIVINHAS.

LOUSA	TEIMOSO	ROSA	VASO
ASAS	CAMISETA	MÚSICA	CASA
AVISO	LISO	BESOURO	PESADO

- MEMBROS DAS AVES: ....
- O CONTRÁRIO DE LEVE: ....
- LOCAL ONDE AS PESSOAS MORAM: ....
- É UM INSETO: ....
- PEÇA DO VESTUÁRIO: ....
- NOME DE UMA FLOR: ....

3 LEIA ESTAS PALAVRAS PRONUNCIANDO COM ATENÇÃO AS SÍLABAS DESTACADAS.

Studio ART/Shutterstock/Glow Images

SAPATO

Arthur van der Kooij/Shutterstock/Glow Images

RAPO**SA**

A) AO PRONUNCIAR ESSAS SÍLABAS, O QUE VOCÊ PERCEBEU?

B) LEIA AS PALAVRAS A SEGUIR E DISTRIBUA-AS NOS DOIS GRUPOS, DE ACORDO COM O SOM DO **S**.

SELO	ROSA	MÚSICA	TESOURO	SUJO
SINO	LISO	SOFÁ	CASULO	SAIA

SAPATO	**RAPOSA**
....	....
....	....

4 COMPLETE AS PALAVRAS COM **S** OU **Z**. DEPOIS, LIGUE-AS ÀS RESPECTIVAS FIGURAS.

Konjushenko Vladimir/Shutterstock/Glow Images

a.......ulejo

Atiketta Sangasaeng/Shutterstock/Glow Images

a.......eitona

parafu.......o

Africa Studio/Shutterstock/Glow Images

me.......a

Tim UR/Shutterstock/Glow Images

PÁSSARO

Borislav Borisov/Shutterstock/Glow Images

- VOCÊ CONHECE ALGUM PÁSSARO?
- VOCÊ SABE A QUE GRUPO DE ANIMAIS OS PÁSSAROS PERTENCEM?

PÁSSARO

pássaro

pássaro

OS PÁ**SS**AROS SÃO AVES. AS AVES SÃO OS ÚNICOS ANIMAIS QUE TÊM PENAS.

ATIVIDADES

1 LEIA O TEXTO.

O PÁSSARO-CETIM MACHO CONSTRÓI UM ABRIGO PARA ATRAIR AS FÊMEAS. ELE USA O ABRIGO PARA MOSTRAR AS COISAS QUE CONSEGUIU REUNIR. ELE COLOCA FRUTOS, PENAS E CONCHAS, TODAS AZUIS COMO ELE. CHEGA ATÉ A AMASSAR FRUTINHAS AZUIS PARA PINTAR AS PAREDES DE SEU ABRIGO COM O SUCO AZUL.

COMO? ONDE? POR QUÊ?: PERGUNTAS E RESPOSTAS SOBRE O MUNDO ANIMAL. TRADUÇÃO DE CAROLINA CAIRES COELHO. BARUERI: GIRASSOL, 2007.

Tim Laman/Getty Images/National Geographic Creative

- DE QUE COR SÃO AS PENAS DO PÁSSARO-CETIM? PINTE-AS.

Ilustra Cartoon/Arquivo da editora

2 LEIA AS PALAVRAS:

PÁSSARO PÁSSAROS

- AGORA ESCREVA-AS ABAIXO DA FIGURA QUE REPRESENTA CADA UMA DESSAS PALAVRAS.

Ilustrações: Ilustra Cartoon/Arquivo da editora

....

3 LEIA AS PALAVRAS DO QUADRO EM VOZ ALTA.

AVISO	SABONETE	VASSOURA
SIMONE	ASSOBIO	MÚSICA

- AGORA ESCREVA AS PALAVRAS NOS QUADROS DE ACORDO COM A POSIÇÃO DO **S** NO NOME DE CADA FIGURA.

SAPO

....

....

RAPO**S**A

....

....

PÁ**SS**ARO

....

....

4 COMPLETE A CRUZADINHA COM O NOME DAS FIGURAS. **DICA**: TODAS AS PALAVRAS SÃO ESCRITAS COM **SS**.

Ilustrações: Ilustra Cartoon/ Arquivo da editora

- AGORA ESCREVA AS PALAVRAS NAS PAUTAS.

BORBOLETA

Cbenjasuwan/Shutterstock/Glow Images

- VOCÊ JÁ VIU UMA BORBOLETA? ONDE VOCÊ ESTAVA?

BORBOLETA
borboleta
borboleta

A BORBOLETA É UM INSETO. ELA SUGA O NÉCTAR E CARREGA O PÓLEN DE UMA FLOR PARA OUTRA.

ATIVIDADES

1 LEIA O POEMA E CIRCULE A PALAVRA **BORBOLETA**.

NO AR

A NUVEM PASSOU VOANDO,
RAIO DE SOL FOI ATRÁS.

UMA FLOR PASSOU VOANDO,
BORBOLETA FOI ATRÁS.

BEIJA-FLOR PASSOU VOANDO,
O MEU OLHAR FOI ATRÁS.

UM ANJO PASSOU VOANDO,
EU QUERIA IR ATRÁS.

— MESMO CORRENDO TE ATRASAS —
DISSE O ANJO COM PACIÊNCIA.

PRECISO DE UM PAR DE ASAS
COM URGÊNCIA!

Ilustra Cartoon/Arquivo da editora

REMAR, RIMAR, DE TERESA NORONHA. SÃO PAULO: SCIPIONE, 2007.

- ESCREVA O NOME DO ANIMAL QUE FOI ATRÁS DA FLOR.

....

2 ESCREVA O NOME DOS ANIMAIS DAS FOTOS. CONSULTE O QUADRO ABAIXO.

FORMIGA	CARNEIRO	ORCA	LAGARTA

Image Source/Lucy Stein/Folhapress

....

Cathy Keifer/Shutterstock/Glow Images

....

RusticBoy/Shutterstock/Glow Images

....

Monika Wieland/Shutterstock/Glow Images

....

3 COMPLETE AS PALAVRAS COM A LETRA **R**. DEPOIS COPIE AS NOVAS PALAVRAS QUE VOCÊ FORMOU. USE LETRA CURSIVA.

copo → co........po

pena → pe........na

cata → ca........ta

foca → fo........ca

4 PINTE OS ESPAÇOS PONTILHADOS E DESCUBRA A CENA.

Ilustrações: Mario Pita/Arquivo da editora

- AGORA ORDENE AS PALAVRAS DO QUADRO E ESCREVA A FRASE.

ÁRVORE   BORBOLETAS   DE   AS   ÁRVORE   EM   VOAM

5 COMPLETE O QUADRO COM AS INFORMAÇÕES QUE ESTÃO FALTANDO.

	PALAVRA	SÍLABAS	NÚMERO DE SÍLABAS
AR	LAGARTA		
ER		CA-DER-NO	3
IR	IRMÃO		2
OR	SORVETE		3
UR		UR-SO	

CASTELO

Matt Apps/Shutterstock/Glow Images

- VOCÊ CONHECE ALGUMA HISTÓRIA QUE TENHA CASTELOS?
- E CASTELO DE VERDADE, VOCÊ JÁ VIU ALGUM?

CASTELO

castelo

castelo

O C**AS**TELO É UM TIPO DE CONSTRUÇÃO GRANDE E ANTIGA, COM TORRES E CERCADA DE MUROS.

OS PRIMEIROS CASTELOS DE PEDRA SERVIAM DE MORADIA DO REI, DE SUA FAMÍLIA E DE OUTRAS PESSOAS.

ATIVIDADES

1 LEIA OS QUADRINHOS COM OS COLEGAS.

Ziraldo

O MENINO MALUQUINHO, DE ZIRALDO. **O GLOBO**, RIO DE JANEIRO, 29 JAN. 2011. GLOBINHO.

2 FAÇA UM **X** NA PALAVRA QUE COMEÇA COM A SÍLABA **CAS**, COMO EM **CASTELO**.

- ( ) BASTA
- ( ) PASTA
- ( ) CASCA
- ( ) GASTA

3 LEIA AS PALAVRAS EM VOZ ALTA. DEPOIS, COPIE-AS NAS COLUNAS CORRESPONDENTES.

ESCOLA MÁSCARA JASMIM MOSCA
MISTURA POSTO BUSCA PISTA
LUSTRE ESCURIDÃO

AS	ES	IS	OS	US

4 PINTE AS SÍLABAS QUE FORMAM O NOME DAS FIGURAS. DEPOIS, ESCREVA-AS.

Carla Nichiata/ Shutterstock/Glow Images

PIS	COI	BIS	....
GO	DO	TO	

leoks/Shutterstock/Glow Images

DE	GAS	LO	....
BO	TE	CAS	

Mike Flippo/Shutterstock/Glow Images

CA	TI	RA	....
GA	MÁS	GA	

Africa Studio/Shutterstock/ Glow Images

DE	JO	TO	....
ES	IS	CO	

5 COMPLETE AS FRASES COM A PALAVRA ADEQUADA DOS QUADROS.

GATA – GASTA

A sola do sapato está ....

PATA – PASTA

Coloquei os papéis dentro da ....

POTE – POSTE

O .... perto de casa estava sem luz.

6 OUÇA A LEITURA DO POEMA.

PESCARIA

UM HOMEM
QUE SE PREOCUPAVA **DEMAIS**
COM **COISAS** SEM IMPORTÂNCIA
ACABOU FICANDO COM A CABEÇA
CHEIA DE **MINHOCAS**.
UM AMIGO LHE DEU ENTÃO A IDEIA
DE USAR AS MINHOCAS
NUMA **PESCARIA**
PARA SE **DISTRAIR DAS PREOCUPAÇÕES**.
O HOMEM SE **DISTRAIU** TANTO **PESCANDO**
QUE SUA CABEÇA FICOU LEVE
COMO UM BALÃO
E FOI SUBINDO PELO AR
ATÉ SUMIR **NAS** NUVENS.
ONDE SERÁ QUE FOI PARAR?
NÃO SEI
NEM QUERO ME PREOCUPAR COM ISSO.
VOU MAIS É **PESCAR**.

Ilustra Cartoon/Arquivo da editora

POEMAS PARA BRINCAR, DE JOSÉ PAULO PAES. SÃO PAULO: ÁTICA, 2011.

- COPIE AS PALAVRAS DESTACADAS QUE TÊM:

AS: ....

ES: ....

IS: ....

CIGARRA

Smit/Shutterstock/Glow Images

- VOCÊ JÁ OUVIU O CANTO DE UMA CIGARRA?

CIGARRA

cigarra

cigarra

A **CI**GARRA É UM INSETO VOADOR. ELA TÊM QUATRO ASAS TRANSPARENTES.

DURANTE O VERÃO, A CIGARRA MACHO CANTA.

ATIVIDADES

1 COMPLETE A FÁBULA COM A PALAVRA **CIGARRA**.

A CIGARRA E A FORMIGA

A .... PASSOU TODO O VERÃO CANTANDO, ENQUANTO A FORMIGA JUNTAVA SEUS GRÃOS.

QUANDO CHEGOU O INVERNO, A .... VEIO À CASA DA FORMIGA PARA PEDIR QUE LHE DESSE O QUE COMER.

A FORMIGA ENTÃO PERGUNTOU A ELA:

— E O QUE É QUE VOCÊ FEZ DURANTE TODO O VERÃO?

— DURANTE O VERÃO EU CANTEI — DISSE A ....

E A FORMIGA RESPONDEU:

— MUITO BEM, POIS AGORA DANCE!

Ilustra Cartoon/Arquivo da editora

FÁBULAS DE ESOPO, DE RUTH ROCHA. SÃO PAULO: FTD, 2006.

2 COMPLETE OS ESPAÇOS COM **CE** OU **CI** E LEIA AS PALAVRAS.

Peter Zijlstra/Shutterstock/Glow Images

ba..........a

Valentina/Razumova/Shutterstock/Glow Images

..........noura

Africa Studio/Shutterstock/Glow Images

do..........

Mikhail Pozhenko/Shutterstock/Glow Images

te..........do

DenisNata/Shutterstock/Glow Images

..........bola

Kletr/Shutterstock/Glow Images

bi..........cleta

3 PROCURE NO DIAGRAMA AS PALAVRAS ABAIXO.

CAPACETE CINCO FELICIDADE FÁCIL MACIO

T	C	D	S	P	S	I	R	M	O	R	P	I	J	Y
I	I	J	F	E	L	I	C	I	D	A	D	E	U	M
C	N	E	N	F	T	U	F	A	T	H	O	C	T	A
H	C	Z	L	H	O	D	F	Á	C	I	L	N	W	C
L	O	C	A	P	A	C	E	T	E	U	B	G	L	I
A	E	J	P	O	I	H	A	B	L	A	H	T	F	O
P	T	N	G	R	A	E	S	N	A	B	P	O	A	L

- AGORA RESPONDA ÀS ADIVINHAS COM AS PALAVRAS QUE VOCÊ ENCONTROU.

PROTEGE A CABEÇA → ....

UM NÚMERO → ....

O CONTRÁRIO DE INFELICIDADE → ....

O QUE NÃO É DIFÍCIL → ....

O CONTRÁRIO DE DURO → ....

4 LEIA O TRECHO DESTA CANTIGA DE RODA.

CIRANDA, CIRANDINHA
VAMOS TODOS CIRANDAR,
VAMOS DAR A MEIA-VOLTA,
VOLTA E MEIA VAMOS DAR.

CANTIGA POPULAR

A) CIRCULE AS SÍLABAS **CI**.

B) VOCÊ CONHECE ESSA CANTIGA? CANTE-A COM OS COLEGAS.

5 OBSERVE O CARTAZ.

Governo Federal/Ministério da Saúde

A) PARA QUE SERVE ESSE TEXTO? MARQUE COM UM **X**.

◯ INFORMAR SOBRE UM JOGO DE FUTEBOL.

◯ INFORMAR SOBRE A VACINAÇÃO INFANTIL.

B) CIRCULE NO CARTAZ AS PALAVRAS QUE TÊM **CE** OU **CI**.

GIRAFA

Erwin Niemand/Shutterstock/Glow Images

- VOCÊ JÁ VIU UMA GIRAFA?
- SE ALGUÉM LHE PEDISSE QUE DESCREVESSE UMA GIRAFA, COMO VOCÊ COMEÇARIA?

GIRAFA

girafa

girafa

A **GI**RAFA É UM ANIMAL MAMÍFERO. É O MAIS ALTO DE TODOS OS ANIMAIS. O MACHO ADULTO PODE ALCANÇAR CERCA DE 5 METROS DE ALTURA.

ATIVIDADES

1 ACOMPANHE A LEITURA DO POEMA. DEPOIS CIRCULE A PALAVRA **GIRAFA**.

COM INVEJA DAS CRIANÇAS
A GIRAFA ESTICA O PESCOÇO
E COME UMA NUVEM BRANCA,
PENSANDO QUE É ALGODÃO-DOCE.

A ZEBRA, A GIRAFA E OUTROS BICHOS..., DE MILTON CAMARGO. SÃO PAULO: ÁTICA, 1988.

Ilustra Cartoon/Arquivo da editora

2 ESCREVA UMA FRASE SOBRE A GIRAFA.

....

....

3 COMPLETE OS ESPAÇOS COM **GE** OU **GI**. DEPOIS LEIA AS PALAVRAS.

erashov/Shutterstock/Glow Images

reló........o

Samuel Borges Photography/Shutterstock/Glow Images

Re........na

funkyfrogstock/Shutterstock/Glow Images

........latina

Alina G/Shutterstock/Glow Images

........lo

4 FORME NOVAS PALAVRAS UNINDO AS SÍLABAS DESTACADAS.

GIGANTE BARATA ABAFADO ....

ALGEMA BOLA DOMINGO ....

5 LEIA AS PALAVRAS DO QUADRO COM OS COLEGAS. DEPOIS ESCREVA AS PALAVRAS ABAIXO DAS ILUSTRAÇÕES CORRESPONDENTES.

MÁGICO	GATO	GEMA	GOLFINHO	GARRAFA
GIRASSOL	FOGO	GELADEIRA	GALO	RELÓGIO

....

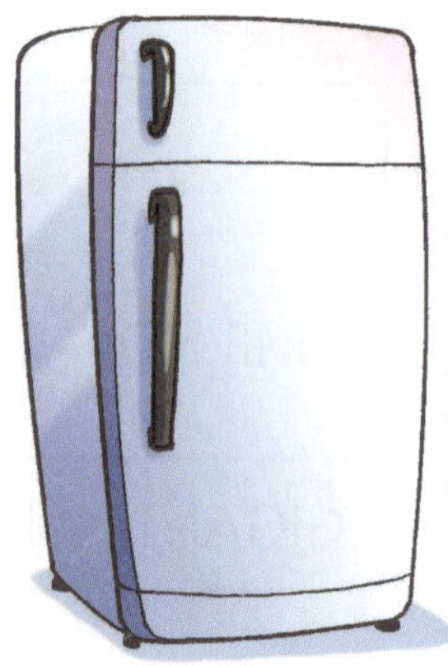

Ilustrações: Ilustra Cartoon/Arquivo da editora

....

6 RECORTE DE JORNAIS, REVISTAS E FOLHETOS PALAVRAS QUEM TENHAM **GE**, **JE**, **GI** OU **JI** E COLE-AS NOS ESPAÇOS ABAIXO.

GE

Igor Klimov/Shutterstock/Glow Images

GI

Eric Isselee/Shutterstock/Glow Images

JE

Rosa Jay/Shutterstock/Glow Images

JI

Eric Isselee/Shutterstock/Glow Images

SOL

Serg64/Shutterstock/Glow Images

- O QUE VOCÊ SABE A RESPEITO DO SOL?
- QUAL É A IMPORTÂNCIA DO SOL PARA A VIDA NA TERRA?

SOL

Sol

Sol

O **SOL** É UMA ESTRELA. EM TORNO DELE GIRAM A TERRA E OS OUTROS PLANETAS DO SISTEMA SOLAR.

ATIVIDADES

1 ACOMPANHE A LEITURA DO POEMA. DEPOIS, CIRCULE A PALAVRA **SOL**.

SOL

SURGIU A ESTRELA SOL NO CÉU,
PINCELANDO COR NO RIO E NO MAR,
E ENTRE FRESTAS, NA FLORESTA,
ABRIU UMA TRILHA PARA O TRINADO DO SABIÁ.

APARECE NO NASCENTE.
E DAÍ ATRAVESSA O CÉU.
TINGINDO AS HORAS DO DIA.
ATÉ SUMIR NO POENTE.

Ilustra Cartoon/Arquivo da editora

FRESTAS: PEQUENOS ESPAÇOS.
TINGINDO: PINTANDO.
TRINADO: CANTO.

LEVE PALAVRA, DE LÊDA COUTO
E ELIANA SANT'ANNA.
BELO HORIZONTE: MIGUILIM, 2012.

A) QUE ESTRELA SURGIU NO CÉU?

....

B) O QUE O SOL FEZ ENTRE FRESTAS NA FLORESTA?

....

C) COMPLETE A FRASE DE ACORDO COM O TEXTO.

O SOL APARECE NO .... E SOME NO ....

2 COMPLETE AS PALAVRAS COM LETRA CURSIVA. DEPOIS, LEIA-AS.

al	el	il	ol	ul
......tura	past......	m......	carac......	az......
......moço	an......	fun......	anz......	......timo
anim......	hot......	barr......	s......dado	m......tidão

3 COMPLETE AS FRASES COM AS PALAVRAS DO QUADRO.

FUTEBOL	OLGA	RAFAEL	SOL	ALGODÃO-DOCE

A) FAZIA UM LINDO DIA DE .... E .... SAIU PARA COMPRAR .... NA PRAÇA.

B) UM MENINO CHAMADO .... SERÁ O NOVO GOLEIRO DO TIME DE .... DA ESCOLA.

4 SEPARE AS SÍLABAS DAS PALAVRAS, ESCREVENDO UMA SÍLABA EM CADA QUADRINHO. DEPOIS, ESCREVA A PALAVRA INTEIRA AO LADO.

alfinete

funil

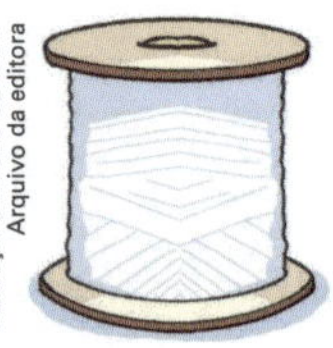

carretel

Ilustrações: Ilustra Cartoon/ Arquivo da editora

5 ACOMPANHE A LEITURA DO TEXTO.

ONDE ESTÁ A CASA DO CARACOLZINHO? ELE ESTÁ CANSADO DE PROCURAR...

DE VOLTA PARA CASA

CANSADO DE TANTO ANDAR PARA LÁ E PARA CÁ, O CARACOLZINHO PAROU PARA DESCANSAR.

— O QUE ACONTECEU? — PERGUNTOU O GRILO, PULANDO AO SEU LADO.

— PERDI MINHA CASA, TEO.

— SUA, ZIP? OLHA ELA AÍ, GRUDADA EM VOCÊ!

SURPRESO, ZIP ZUPT!!! ENTROU NA SUA CONCHA E FICOU BEM QUIETINHO. ALI DENTRO ESTAVA TÃO GOSTOSO QUE ELE NÃO SENTIA MAIS FALTA DE NADA.

— COMO É BOM VOLTAR PARA CASA! — DISSE O CARACOLZINHO, FELIZ DA VIDA.

DE VOLTA PARA CASA, DE NYE RIBEIRO. SÃO PAULO: RODA & CIA, 2006.

A) ESCREVA NO BALÃO A PERGUNTA QUE O GRILO FEZ AO CARACOLZINHO.

B) AGORA ESCREVA O QUE O CARACOLZINHO RESPONDEU.

Ilustrações: Ilustra Cartoon/ Arquivo da editora

BALANÇO

Vasilyev Alexandr/Shutterstock/Glow Images

- O BALANÇO É UM DOS BRINQUEDOS FAVORITOS DAS CRIANÇAS.
- É O SEU TAMBÉM? POR QUÊ?

BALANÇO

balanço

balanço

BRINCAR DE BAL**AN**ÇO É BOM, MAS É PRECISO TER CUIDADO!

AO SE BALANÇAR SEGURE FIRME NAS CORDAS OU CORRENTES DO BALANÇO PARA NÃO CAIR E SE MACHUCAR.

ATIVIDADES

1 OBSERVE A CENA E ESCREVA NOS BALÕES FALAS PARA AS CRIANÇAS.

Ilustrações: Ilustra Cartoon/Arquivo da editora

2 VEJA A PALAVRA **BALANÇO** DIVIDIDA EM SÍLABAS:

BA-LAN-ÇO

- AGORA SEPARE AS SÍLABAS DAS PALAVRAS ABAIXO E INDIQUE O NÚMERO DE SÍLABAS.

ENCANTADO →	....	....
APARTAMENTO →	....	....
FANTASMA →	....	....
CONTENTE →	....	....
ONDA →	....	....

3 LEIA AS PALAVRAS DO QUADRO ABAIXO.

VENTO	CINTO	MUNDO	LENDO	ONZE
BONDE	~~CANTO~~	BANCO	PINGO	FUNDO

- AGORA ESCREVA AS PALAVRAS NOS QUADROS CONFORME AS INDICAÇÕES. USE LETRA CURSIVA. DEPOIS, SEPARE AS SÍLABAS. VEJA O EXEMPLO:

AN	
canto	
can-to	

EN	

IN	

ON	

UN	

4 VEJA A FOTO DESTA FRUTA.

Maks Narodenko/ Shutterstock/Glow Images

- FAÇA UM **X** NO NOME DELA.

( ) MAÇÃ ( ) MAMÃO ( ) MANGA

5 ACOMPANHE A LEITURA DO POEMA. DEPOIS PINTE AS PALAVRAS QUE TÊM SÍLABAS TERMINADAS EM **AN**, **IN** OU **ON**.

O PINTINHO

PINTINHO NOVO
PINTINHO TONTO
NÃO ESTÁS NO PONTO
VOLTA PRO OVO
EU NÃO ME CALO
FALO DE NOVO
NÃO BANQUE O GALO
VOLTA PRO OVO
A TIA RAPOSA
NÃO MARCA TOUCA
TÁ SÓ TE OLHANDO
COM ÁGUA NA BOCA
E SE LIGEIRO VOCÊ ESCAPAR
TEM UM GRANJEIRO
QUE VAI TE ADOTAR.

GRANJEIRO: PESSOA QUE CULTIVA UMA GRANJA.

A ARCA DE NOÉ, DE VINICIUS DE MORAES. SÃO PAULO: COMPANHIA DAS LETRINHAS, 1993.

- COMO VOCÊ IMAGINA UM PINTINHO TONTO? DESENHE-O.

CAMPO

Elenamiv/Shutterstock/Glow Images

- VOCÊ JÁ FOI AO CAMPO OU MORA NELE?
- OBSERVE ESTA FOTO E IMAGINE COMO DEVE SER ESSE LUGAR.

CAMPO

campo

campo

NO C**AM**PO O AR É MAIS PURO. POR ISSO LÁ A VIDA É MAIS SAUDÁVEL DO QUE NAS GRANDES CIDADES.

ATIVIDADES

1 CANTE A CANTIGA COM OS COLEGAS. DEPOIS CIRCULE A PALAVRA **CAMPO**.

ALECRIM, ALECRIM DOURADO
QUE NASCEU NO CAMPO
SEM SER SEMEADO
FOI MEU AMOR
QUEM ME DISSE ASSIM
QUE A FLOR DO CAMPO
É O ALECRIM.

CANTIGA POPULAR

2 COMPLETE OS ESPAÇOS COM **AM**, **EM**, **IM**, **OM** OU **UM**. DEPOIS, LEIA AS PALAVRAS E COPIE-AS COM LETRA CURSIVA.

João Prudente/Pulsar Imagens

......pada

somchaij/Shutterstock/Glow Images

l......pada

petrovichlili/Shutterstock/Glow Images

p......ba

movit/Shutterstock/Glow Images

jard......

Bernard Martinez/Opção Brasil Imagens

b......bo

Samuel Borges Photography/Shutterstock/Glow Images

t......pa

3 LEIA AS PALAVRAS E ESCREVA EM CADA CÍRCULO A LETRA QUE VEM DEPOIS DO **M**.

◯ SAMBA	◯ LIMPEZA	◯ TEMPO
◯ CAMPO	◯ LOMBO	◯ TROMBA
◯ POMBA	◯ BOMBEIRO	◯ TAMPA

A) AGORA, LEIA ESTAS OUTRAS PALAVRAS E ESCREVA EM CADA CÍRCULO A LETRA QUE VEM DEPOIS DO **N**.

◯ ONDA	◯ ENXADA	◯ BANCO
◯ PONTE	◯ CANSADO	◯ GANGORRA
◯ CONFUSÃO	◯ ENVELOPE	◯ ENROLADO

B) OBSERVE AS LETRAS QUE VÊM DEPOIS DO **M** E DO **N**. DEPOIS COMPLETE A FRASE A SEGUIR.

USAMOS O **M** SOMENTE ANTES DO .... E DO ....

4 COMPLETE AS PALAVRAS COM **M** OU **N**. DEPOIS, SEPARE AS SÍLABAS.

e....latado ....

la....parina ....

ra....pa ....

e....bora ....

pi....tura ....

elefa....te ....

5 LEIA O TRAVA-LÍNGUA.

TEMPO

O TEMPO PERGUNTOU PRO TEMPO
QUANTO TEMPO O TEMPO TEM.
O TEMPO RESPONDEU PRO TEMPO
QUE O TEMPO TEM TANTO TEMPO
QUANTO TEMPO O TEMPO TEM.

TRAVA-LÍNGUA POPULAR

A) QUANTAS VEZES APARECE A PALAVRA **TEMPO** NESSE TEXTO?

....

B) ESCREVA UMA FRASE COM A PALAVRA **TEMPO**.

....

....

6 PESQUISE OUTRO TRAVA-LÍNGUA, COPIE-O ABAIXO E RECITE-O AOS COLEGAS. DEPOIS, TROQUE O SEU TRAVA-LÍNGUA COM O DE UM COLEGA E COPIE-O NO CADERNO.

AQUARELA

Reprodução/Museu Lasar Segall

- VOCÊ CONHECE ALGUMA OBRA DE ARTE?
- O QUE VOCÊ ACHA DESTA AQUARELA?

AQUARELA

aquarela

aquarela

A A**QUA**RELA É UM TIPO DE PINTURA EM QUE SE USAM TINTAS DILUÍDAS EM ÁGUA E QUE TEM CORES TRANSPARENTES.

ATIVIDADES

1 LEIA A PARLENDA E CIRCULE A PALAVRA QUE TEM A SÍLABA **QUA**.

PEIXINHO NO AQUÁRIO

EU TENHO UM PEIXINHO NO AQUÁRIO
COLORIDO E BRINCALHÃO
GIRA, GIRA
QUE MERGULHO
SÓ PRA CHAMAR A ATENÇÃO.

PARLENDA POPULAR

2 OBSERVE AS FIGURAS E COMPLETE O NOME DELAS COM **D** OU **T**.

Museu de Arte Moderna, SP.

qua.........ro

qua.........ro

- ESCREVA UMA FRASE COM CADA PALAVRA.

....

....

....

3 OBSERVE AS FOTOS E LEIA AS DEFINIÇÕES. DEPOIS, RELACIONE A IMAGEM À FRASE CORRETA.

Cesar Diniz/Pulsar Imagens

Michaelstockfoto/Shutterstock/Glow Images

Iriana Shiyan/Shutterstock/Glow Images

( ) ÁREA ONDE SE PRATICA ESPORTES.

( ) CÔMODO DA CASA ONDE SE DORME.

( ) DANÇA TÍPICA DAS FESTAS JUNINAS.

- AGORA, COMPLETE AS FRASES COM AS PALAVRAS DO QUADRO.

QUARTO	QUADRILHA	QUADRA

A) NA FESTA JUNINA DA ESCOLA TODOS OS ALUNOS DANÇARAM ....

B) VAMOS JOGAR VÔLEI NA .... ?

C) ESTAVA COM SONO, POR ISSO FUI PARA O .... DORMIR.

4 PINTE OS ESPAÇOS COM PONTOS E DESCUBRA O ANIMAL ESCONDIDO.

Ilustrações: Ilustra Cartoon/Arquivo da editora

A) QUAL É O NOME DO ANIMAL ESCONDIDO?

....

B) ESCREVA UMA FRASE COM ESSE NOME.

....

5 USE AS SÍLABAS DO QUADRO E FORME PALAVRAS QUE TENHAM **QUA**.

TE	QUA	TO	EN	NA	QUAN
RÃO	TRO	QUAR	REN	TA	TEI

....

....

....

ESQUILO

chris froome/Shutterstock/Glow Images

- O QUE VOCÊ SABE SOBRE O ESQUILO?

ESQUILO
esquilo
esquilo

O ES**QUI**LO É UM MAMÍFERO ROEDOR. ELE TEM RABO COMPRIDO E PELUDO.

O ESQUILO ALIMENTA-SE PRINCIPALMENTE DE SEMENTES E FRUTAS SECAS.

ATIVIDADES

1 LEIA O POEMA COM OS COLEGAS E CIRCULE A PALAVRA **ESQUILO**.

À PROCURA DE CASTANHAS
O IRREQUIETO ESQUILO ANDA.
E NO TRONCO OCO DA ÁRVORE
ESCONDE TODAS AS QUE APANHA.

2 COMPLETE OS ESPAÇOS COM **QUE** OU **QUI**. DEPOIS LEIA AS PALAVRAS E COPIE-AS COM LETRA CURSIVA.

zcw/Shutterstock/Glow Images

..........abo

artphotoclub/Shutterstock/Glow Images

pé de mole..........

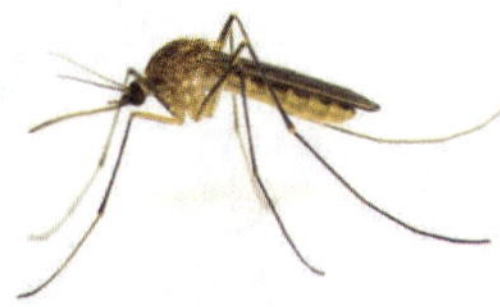
Dimijana/Shutterstock/Glow Images

mos..........to

Goodreason/Shutterstock/Glow Images

le..........

Denis Tabler/Shutterstock/Glow Images

peri..........to

matin/Shutterstock/Glow Images

ca..........

3 JUNTE OS QUADRINHOS DE MESMA COR E FORME PALAVRAS.

DA	TAN	NI	QUE	QUÍ	QUI
BI	TEI	RI	MOS	RI	QUE
QUE	DA	ZA	PAR	QUI	RO

....

....

....

4 LEIA OS QUADRINHOS.

NÍQUEL NÁUSEA, DE FERNANDO GONSALES.

- A PALAVRA **TALQUINHO** É A FORMA DIMINUTIVA DE:

◯ TOUCA ◯ TALCO ◯ TOCA

5 ESCREVA CONFORME O EXEMPLO.

BARCO → barquinho PORCO → ....

BONECA → .... COCO → ....

MACACO → .... PETECA → ....

6 LEIA AS FRASES E COMPLETE AS PALAVRAS COM **QUA**, **QUE** OU **QUI**.

A) ....CO PINTOU UM ....DRO.

B) ONTEM VISITEI MINHA ....RIDA VOVÓ ....TÉRIA.

C) A BOLA ....BROU A VIDRAÇA.

7 COPIE AS FRASES SUBSTITUINDO AS IMAGENS PELA PALAVRA CORRESPONDENTE.

Galayko Sergey/ Shutterstock/Glow Images

A) O PASTEL ERA DE  .

....

....

B) UM COCO CAIU DAQUELE  .

fotomak/Shutterstock/ Glow Images

....

....

diogoppr/Shutterstock/ Glow Images

C) O  É UM DOCE FEITO COM OVOS E COCO.

....

....

Alexander Bark/ Shutterstock/Glow Images

D) O  É UMA COMIDA DE ORIGEM ÁRABE.

....

....

HIPOPÓTAMO

Martin Mantz/Shutterstock/Glow Images

- VOCÊ JÁ VIU UM HIPOPÓTAMO?
- QUANTO VOCÊ IMAGINA QUE ELE PODE PESAR?

HIPOPÓTAMO

hipopótamo

hipopótamo

O **HI**POPÓTAMO É UM ANIMAL MAMÍFERO QUE VIVE NAS MARGENS DOS RIOS E LAGOS DA ÁFRICA.

PARA SUPORTAR O CALOR AFRICANO, ELE SE REFRESCA NA ÁGUA.

O HIPOPÓTAMO CHEGA A PESAR ATÉ 4 TONELADAS.

ATIVIDADES

1 LEIA O POEMA COM O PROFESSOR E OS COLEGAS. DEPOIS, CIRCULE A PALAVRA QUE COMEÇA COM **H**.

SEMPRE NAS ÁGUAS DO RIO,
GORDO E SE BANHANDO,
O HIPOPÓTAMO VAI ACABAR
UM DIA SE DESMANCHANDO.

RIMAS DOS BICHOS, DE FLÁVIO JOSÉ TEIXEIRA DE ALMEIDA. BELO HORIZONTE: LÊ, 1986.

A) ESCREVA A PALAVRA QUE VOCÊ CIRCULOU.

....

B) COMO VOCÊ IMAGINA O HIPOPÓTAMO DO POEMA? ILUSTRE-O NO ESPAÇO AO LADO.

SAIBA MAIS

O HIPOPÓTAMO PODE VIVER ATÉ QUARENTA ANOS. ELE PASSA O DIA DENTRO DOS RIOS OU DOS LAGOS, SÓ SAI À NOITE PARA PASTAR. ELE PODE FICAR ATÉ CINCO MINUTOS SOB A ÁGUA! OS OLHOS E AS NARINAS BEM NO ALTO DA CABEÇA PERMITEM QUE ELE VEJA E RESPIRE COM O RESTO DO CORPO MERGULHADO.

Fabio Colombini/Acervo do fotógrafo

2 LEIA AS PALAVRAS EM VOZ ALTA E PINTE A PRIMEIRA SÍLABA DE CADA UMA DELAS.

rvlsoft/Shutterstock/Glow Images

HAMBÚRGUER

Iakov Filimonov/Shutterstock/Glow Images

HÉLICE

Anan Kaewkhammul/Shutterstock/Glow Images

HIPOPÓTAMO

PathDoc/Shutterstock/Glow Images

HOMEM

Samuel Borges Photography/Shutterstock/Glow Images

HUGO

Iakov Filimonov/Shutterstock/Glow Images

ANTA

Eric Isselee/Shutterstock/Glow Images

ÉGUA

Dmytro Vietrov/Shutterstock/Glow Images

IARA

Nattika/Shutterstock/Glow Images

OVO

Dmitri Belocon/Shutterstock/Glow Images

UVA

- CONVERSE COM SEUS COLEGAS SOBRE AS SÍLABAS PINTADAS. O QUE VOCÊS PERCEBERAM?

3 COMPLETE AS PALAVRAS COM **HA**, **HE**, **HI**, **HO** OU **HU**. DEPOIS LEIA AS PALAVRAS E COPIE-AS.

.......je → ....rói → ....

.......no → ....lito → ....

.......ra → ....mano → ....

4 OBSERVE A NUMERAÇÃO E ORDENE AS PALAVRAS PARA FORMAR UMA FRASE.

6	2	7	5	1	4	3
há	horta	legumes.	só	Na	Hugo	de

....

....

5 COMPLETE A CRUZADINHA COM O NOME DAS IMAGENS.

Valeria73/Shutterstock/Glow Images

Diego Cervo/Shutterstock/Glow Images

Gerrit_de_Vries/Shutterstock/Glow Images

David Rubinger/Acervo do fotógrafo

Yuris/Shutterstock/Glowimages

GOLFINHO

aabeele/Shutterstock/Glow Images

- VOCÊ SABE QUE ANIMAL É ESTE?
- VOCÊ CONHECE ALGUMA CURIOSIDADE SOBRE ELE?

GOLF**INHO**

golf**inho**

golfinho

O GOLFI**NHO** É UM ANIMAL MAMÍFERO.

ELE VIVE NA ÁGUA E SE ALIMENTA DE PEQUENOS PEIXES.

O GOLFINHO É UM ANIMAL MUITO INTELIGENTE E BRINCALHÃO.

ATIVIDADES

1 COMPLETE OS ESPAÇOS COM **NHA**, **NHE** OU **NHO**. DEPOIS, LEIA AS PALAVRAS E COPIE-AS. USE LETRA CURSIVA.

Maryna Pleshkun/Shutterstock/Glow Images

mi.................ca

bergamont/Shutterstock/Glow Images

ba.................ira

AlinaMD/Shutterstock/Glow Images

ara.................

TTstudio/Shutterstock/Glow Images

gali.................

Ismar Ingber/Pulsar Imagens

di.................iro

Flo-Bo/Shutterstock/Glow Images

gafa.................to

2 OBSERVE A FOTO E ESCREVA UMA FRASE USANDO PALAVRAS COM **NH**.

Super Prin/Shutterstock/Glow Images

3 OBSERVE O EXEMPLO E CONTINUE ESCREVENDO.

Ilustrações: Ilustra Cartoon/Arquivo da editora

ga | to

ga | ti | nho

sa | pa | to

___ | ___ | ___ | ___

bo | la

___ | ___ | ___

pei | xe

___ | ___ | ___

car | ro

___ | ___ | ___

pa | to

___ | ___ | ___

4 LEIA AS PALAVRAS DO QUADRO E COPIE SOMENTE AS QUE ESTÃO NO DIMINUTIVO.

GATINHO	LIVRINHO	CARINHO	DEDINHO
ANDORINHA	GALINHA	PEIXINHO	CAMINHO

....

....

5 LEIA O TRECHO DA HISTÓRIA DE UMA JOANINHA DIFERENTE.

ERA UMA VEZ UMA JOANINHA QUE NASCEU SEM BOLINHAS...

POR ISSO ELA ERA DIFERENTE.

AS OUTRAS JOANINHAS NÃO DAVAM "BOLA" PRA ELA. CADA QUAL COM SUAS BOLINHAS, VIVIAM DIZENDO QUE ELA NÃO ERA UMA JOANINHA.

A JOANINHA FICAVA TRISTE, PENSANDO NAS BOLINHAS E NO QUE PODERIA FAZER...

COMPRAR UMA CAPA DE BOLINHAS? OU, QUEM SABE, IR EMBORA PARA LONGE, MUITO LONGE DALI?

[...]

Ilustra Cartoon/Arquivo da editora

UMA JOANINHA DIFERENTE..., DE REGINA CÉLIA MELO. SÃO PAULO: PAULINAS, 2008.

A) POR QUE A JOANINHA ERA DIFERENTE?

B) O QUE AS OUTRAS JOANINHAS TINHAM QUE ELA NÃO TINHA?

C) VOCÊ ACHA QUE PODE EXISTIR UMA JOANINHA SEM BOLINHAS? ISSO FARIA COM QUE ELA DEIXASSE DE SER UMA JOANINHA?

D) VOCÊ ACHA CERTO O MODO COMO TRATARAM A JOANINHA POR ELA NÃO TER BOLINHAS?

E) DESENHE EM UMA FOLHA DE PAPEL COMO AS JOANINHAS DEVERIAM TER TRATADO A JOANINHA SEM BOLINHAS.

COELHO

VOCÊ JÁ VIU UM COELHO? ONDE? COMO ELE ERA? O QUE ELE ESTAVA FAZENDO?

COELHO

coelho

coelho

O COE**LHO** É UM ANIMAL MUITO LIGEIRO. ELE TEM O PELO MACIO E ORELHAS GRANDES.

ATIVIDADES

1 COMPLETE OS ESPAÇOS COM **LHA**, **LHE**, **LHI**, **LHO** OU **LHU**. DEPOIS, LEIA AS PALAVRAS FORMADAS E COPIE-AS.

Volodymyr Burdiak/Shutterstock/Glow Images

coe.................nho

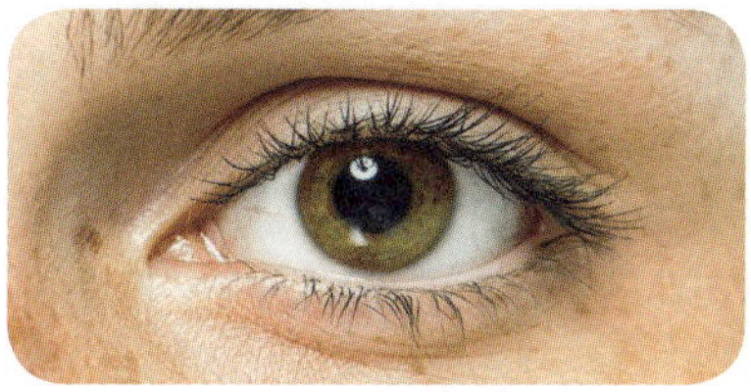
Irina Bg/Shutterstock/Glow Images

o.................

KAMONRAT/Shutterstock/Glow Images

rama.................te

SOMMAI/Shutterstock/Glow Images

abe.................

Erni/Shutterstock/Glow Images

ore.................do

DigiCake/Shutterstock/Glow Images

repo.................

2 ORDENE AS PALAVRAS E ESCREVA A FRASE.

4	2	1	6	5	3
ALIMENTA	COELHO	O	VEGETAIS.	DE	SE

....

3 FAÇA UM **X** NAS DUAS PALAVRAS QUE RIMAM COM **COELHO**.

( ) COZINHA ( ) ESPELHO ( ) JOELHO ( ) AGULHA

4 ACRESCENTE A LETRA **H** E FORME NOVAS PALAVRAS. SIGA OS EXEMPLOS.

GALO →	galho	PINO →	pinho
MALA →		SONO →	
VELA →		SENA →	
FILA →		MINA →	

5 CIRCULE NO DIAGRAMA O NOME DAS IMAGENS E ESCREVA-O AO LADO DELAS.

T	E	D	S	P	C	O	L	H	E	R	P	I	J	M
I	S	J	A	B	E	L	H	A	B	E	T	R	U	S
C	P	E	N	F	T	U	G	H	L	Z	X	C	T	A
H	E	A	L	H	O	D	M	I	L	H	O	N	E	P
L	L	I	D	P	M	C	H	U	Z	U	B	G	L	S
A	H	J	F	O	L	H	A	B	L	A	H	T	H	A
P	O	N	G	R	A	E	S	T	O	A	L	H	A	L

design56/Shutterstock/Glow Images

Vasilius/Shutterstock/Glow Images

sergign/Shutterstock/Glow Images

Deyan Georgiev/Shutterstock/Glow Images

Marco Uliana/Shutterstock/Glow Images

Maks Narodenko/Shutterstock/Glow Images

Davydenko Yuliia/Shutterstock/Glow Images

DenisNata/Shutterstock/Glow Images

6 LEIA O POEMA COM SEUS COLEGAS. CIRCULE AS PALAVRAS QUE TÊM **LH**.

O EMBRULHO DO GETÚLIO

GETÚLIO
OLHA O EMBRULHO.
OLHA
SEM FAZER BARULHO.
SEU OLHAR
FAGULHA
OLHANDO O EMBRULHO.

O QUE ESTÁ ESCONDIDO
DENTRO DO EMBRULHO?
SERÁ QUE BORBULHA?
SERÁ UMA AGULHA?

A MÃO DE GETÚLIO
MERGULHA
SEUS DEDOS DEBULHAM
TODO O EMBRULHO.

CHEIO DE ORGULHO
GETÚLIO ABRE O EMBRULHO:
SÓ TEM BAGULHO!

Dilan Camargo/Cristina Biazetto/Editora Scipione

O EMBRULHO DO GETÚLIO, DE DILAN CAMARGO. SÃO PAULO: SCIPIONE, 2010.

BAGULHO: OBJETO USADO E DE MÁ QUALIDADE.
DEBULHAM: DESMANCHAM.
FAGULHA: BRILHA.

- O QUE GETÚLIO ACHOU EM SEU EMBRULHO?

....

CHUVA

Stone36/Shutterstock/Glow Images

- VOCÊ SABE DE ONDE VEM A ÁGUA DA CHUVA?
- O QUE VOCÊ GOSTA DE FAZER QUANDO ESTÁ CHOVENDO?

CHUVA

chuva

chuva

A **CHU**VA É A ÁGUA QUE CAI DAS NUVENS EM FORMA DE GOTAS.

ATIVIDADES

1 ACOMPANHE A LEITURA DO POEMA.

A CHUVA

A CHUVA,
SOBRE O TELHADO,
EXECUTA,
GOTA A GOTA,
UM LEVE
SAPATEADO:
PLICT-PLIC
MACIO,
PLICT-PLOC
MOLHADO.

Ilustra Cartoon/Arquivo da editora

O BAILADO: PRIMEIROS MOVIMENTOS, DE HARDY GUEDES ALCOFORADO FILHO. SÃO PAULO: SCIPIONE, 2007.

- O QUE CAI SOBRE O TELHADO?

....

2 COMPLETE AS FRASES COM AS PALAVRAS DO QUADRO. USE LETRA CURSIVA.

CACHORRINHO	CHICO	CHUVA	CHAVEIRO
CHOCOLATE	BICHOS	CHAVE	CHÁCARA

Os .... da .... refrescam-se na ....

.... brinca com seu ....

Que delícia de .... !

A .... está no ....

3 VAMOS FORMAR OUTRAS PALAVRAS? ACRESCENTE A LETRA **H** DEPOIS DA LETRA **C**. VEJA O EXEMPLO.

CAPA	→	chapa	CEIA	→	cheia
BICO	→	....	MANCAR	→	....
CAMA	→	....	LANCE	→	....
CORO	→	....	CEGO	→	....

4 COMPLETE COM **CHA**, **CHE**, **CHI**, **CHO** OU **CHU**. DEPOIS, LEIA AS PALAVRAS E COPIE-AS.

Prapann/Shutterstock/Glow Images

........péu

Creativa Images/Shutterstock/Glow Images

........teira

Olga Popova/Shutterstock/Glow Images

........colate

Jasmin Awad/Shutterstock/Glow Images

........nelo

Discovod/Shutterstock/Glow Images

........veiro

Yasonya/Shutterstock/Glow Images

........iro-verde

5 COMPLETE A CRUZADINHA COM O NOME DAS IMAGENS.

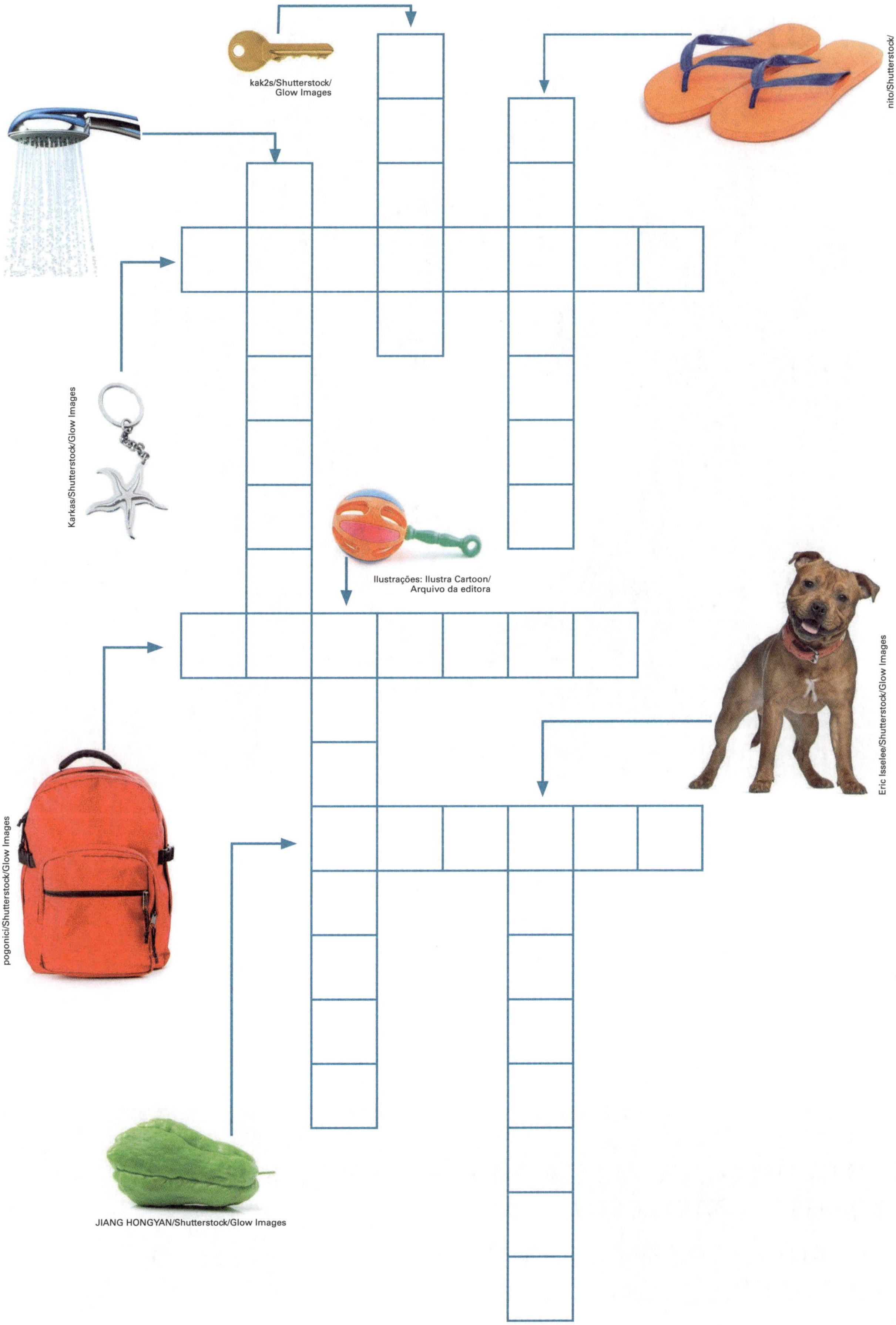

kak2s/Shutterstock/Glow Images

nito/Shutterstock/Glow Images

Yuri Samsonov/Shutterstock/Glow Images

Karkas/Shutterstock/Glow Images

Ilustrações: Ilustra Cartoon/Arquivo da editora

Eric Isselee/Shutterstock/Glow Images

pogonici/Shutterstock/Glow Images

JIANG HONGYAN/Shutterstock/Glow Images

PALHAÇO

Andreas Gradin/Shutterstock/Glow Images

- VOCÊ JÁ FOI AO CIRCO?
- JÁ ASSISTIU À APRESENTAÇÃO DE UM PALHAÇO? O QUE VOCÊ ACHOU?

PALHAÇO
palhaço
palhaço

O PALHA**ÇO** É UM ARTISTA. ELE USA ROUPAS COLORIDAS E SAPATOS ENORMES E PINTA O ROSTO.

O PALHAÇO FAZ BRINCADEIRAS PARA DIVERTIR O PÚBLICO, PRINCIPALMENTE AS CRIANÇAS.

ATIVIDADES

1 LEIA O TEXTO COM O PROFESSOR E OS COLEGAS. DEPOIS, CIRCULE A PALAVRA **PALHAÇO**.

O PALHAÇO FAGULHA MOSTROU A TODOS QUE ERA MESMO INTELIGENTE.

ERA ENGOLIDOR? ERA MÁGICO?

QUE NADA! SÓ FAZIA PALHAÇADAS DE UM JEITO DIFERENTE.

UM PALHAÇO DIFERENTE, DE SONIA JUNQUEIRA. SÃO PAULO: ÁTICA, 1999. (TEXTO ADAPTADO).

MW Ilustrações/Arquivo da editora

A) QUAL É O NOME DO PALHAÇO?

....

B) OBSERVE A ILUSTRAÇÃO E ESCREVA UMA FRASE.

....

2 COMPLETE AS PALAVRAS COM **ÇA**, **ÇO** OU **ÇU**. DEPOIS, LEIA AS PALAVRAS E COPIE-AS.

Valery121283/Shutterstock/Glow Images

caro..........

fotogiunta/Shutterstock/Glow Images

a..........car

Irina Rogova/Shutterstock/Glow Images

cal..........

3 LEIA AS PALAVRAS ABAIXO. DEPOIS, ESCREVA-AS NOS QUADROS CORRESPONDENTES.

CAÇADA	CENOURA	CINEMA	BEIÇO	CORAÇÃO	CIDADE
BABAÇU	MOÇA	CANÇÃO	CAÇULA	CEDO	SOLUÇO
AÇÃO	CEBOLA	FEITIÇO	RAÇA	CABEÇUDO	BACIA

ÇA	CE	CI
....	....	....
....	....	....
....	....	....

ÇO	ÇU	ÇÃO
....	....	....
....	....	....
....	....	....

4 JUNTE AS LETRAS **C** E **Ç** COM AS VOGAIS INDICADAS E COMPLETE O QUADRO. VEJA O EXEMPLO.

	A	E	I	O	U
C		ce	....		
Ç	....			....	....

- AGORA, COMPLETE A FRASE:

A LETRA **C**, QUANDO SEGUIDA DAS VOGAIS .... E ...., NÃO NECESSITA DA CEDILHA.

5 COMPLETE AS PALAVRAS COM **C** OU **Ç**. ASSINALE COM UM **X** A COLUNA CORRETA E, DEPOIS, ESCREVA A PALAVRA. VEJA O EXEMPLO.

Ilustra Cartoon/Arquivo da editora

COMPLETE A PALAVRA	C	Ç	ESCREVA A PALAVRA
açúcar		X	açúcar
có ... egas			...
len ... o			...
liquida ... ão			...
balan ... o			...
... egonha			...
baga ... o			...
cal ... a			...
palha ... ada			...
héli ... e			...

O TEMA É...

CIRCO

1. ALÉM DO PALHAÇO, VOCÊ SABE QUAIS OUTROS ARTISTAS TRABALHAM NO CIRCO? OBSERVE AS FOTOS DE ALGUNS ARTISTAS DO CIRCO E LIGUE-AS A SEUS NOMES.

Richard Peterson/Shutterstock/Glow Images

Natursports/Shutterstock/Glow Images

eddtoro/Shutterstock/Glow Images

TRAPEZISTA

MÁGICO

MALABARISTA

2. SE VOCÊ TRABALHASSE EM UM CIRCO, QUE ARTISTA VOCÊ GOSTARIA DE SER? FAÇA UM DESENHO MOSTRANDO VOCÊ NO PICADEIRO.

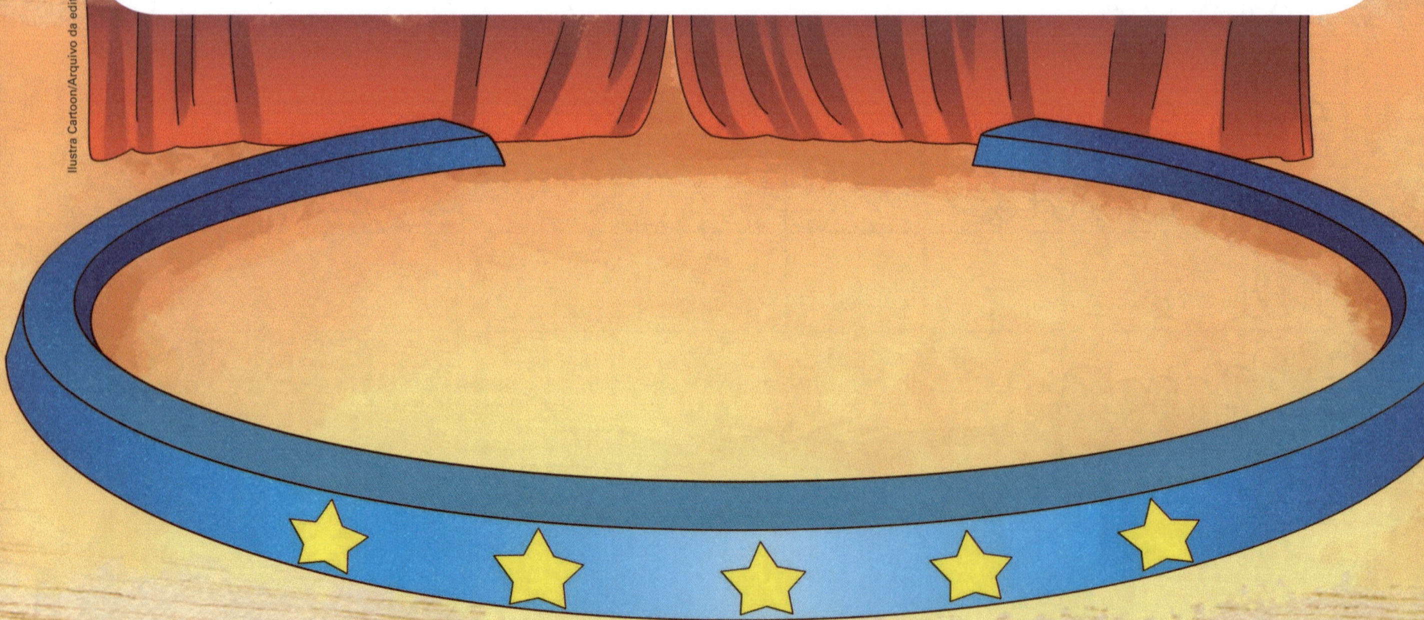

Ilustra Cartoon/Arquivo da editora

3. VAMOS FAZER BOLINHAS DE MALABARES PARA BRINCAR DE CIRCO?

Ilustrações: Ilustra Cartoon/Arquivo da editora

MATERIAL NECESSÁRIO:

- MEIA XÍCARA DE CHÁ DE ARROZ CRU.
- DOIS PEDAÇOS DE PLÁSTICO FILME.
- 3 BALÕES.
- UMA TESOURA SEM PONTA.

COMO FAZER:

1. ENCHA E ESVAZIE OS 3 BALÕES COM CUIDADO PARA NÃO ESTOURÁ-LOS.
2. CORTE A PONTA DOS BALÕES.
3. COLOQUE O ARROZ NO MEIO DO PLÁSTICO FILME.
4. JUNTE AS PONTAS DO PLÁSTICO FILME E ENROLE, FORMANDO UMA BOLINHA. CORTE AS PONTAS QUE SOBRAREM.
5. ENROLE ESSA BOLINHA NO OUTRO PEDAÇO DE PLÁSTICO FILME.
6. ENCAPE A BOLINHA USANDO O BALÃO.
7. COLOQUE ESSA BOLINHA DENTRO DE OUTRO BALÃO. REPITA A OPERAÇÃO NOVAMENTE. ASSIM, SUA BOLINHA DE MALABARES FICARÁ BEM FORTE E NÃO RASGARÁ RAPIDAMENTE.

AGORA É SÓ BRINCAR! COMECE JOGANDO A BOLA DE UMA MÃO PARA A OUTRA. DEPOIS BRINQUE COM UM COLEGA, APANHANDO NO AR A BOLA QUE ELE MANDAR PARA VOCÊ.

O DESAFIO É NÃO DEIXAR A BOLINHA CAIR NO CHÃO!

CARANGUEJO

EcoPrint/Shutterstock/Glow Images

- VOCÊ JÁ VIU UM CARANGUEJO?
- SABE ONDE ELE VIVE?

CARAN**GUE**JO

caran**gue**jo

*caran**gue**jo*

O CARAN**GUE**JO TEM O CORPO COBERTO POR UMA CARAPAÇA. ELE PODE VIVER NA ÁGUA OU NA TERRA.

ATIVIDADES

1. COMPLETE AS PALAVRAS COM **GUE** OU **GUI**. DEPOIS, LEIA E COPIE-AS.

Zerbor/Shutterstock/Glow Images

Allen.G/Shutterstock/Glow Images

Maggy Meyer/Shutterstock/Glow Images

........zo   á........a   ....pardo

2. LEIA AS PALAVRAS E ESCREVA AS SÍLABAS NOS QUADRINHOS.

SANGUE   FOGUETE   AMIGUINHO

ALGUÉM   FOGUEIRA   COLEGUINHA

3. COMBINE AS SÍLABAS DE CADA QUADRO E FORME PALAVRAS QUE TENHAM **GUE** OU **GUI**.

A FI
GUEI GUE
MAN ÇOU RA

CO FOR NHA
BAR GUI MI
LE RI

4 COMPLETE AS PALAVRAS COM **GUE**, **GUI** OU **QUE**, **QUI**. DEPOIS, COPIE-AS.

Tiger Images/Shutterstock/Glow Images

........abo

CAN BALCIOGLU/Shutterstock/Glow Images

le........

showcake/Shutterstock/Glow Images

man........ira

Neirfy/Shutterstock/Glow Images

........rlanda

5 VOCÊ JÁ DEVE TER ESCUTADO SOBRE A DENGUE, CERTO? COMPLETE AS PALAVRAS COM **GUE** OU **QUI** E LEIA AS INFORMAÇÕES SOBRE ESSA DOENÇA.

A DEN........ É UMA DOENÇA TRANSMITIDA PELO MOS........TO *AEDES AEGYPTI.*

QUANDO UMA PESSOA SUSPEITA ESTAR COM DEN........, ELA NÃO DEVE TOMAR REMÉDIO POR CONTA PRÓPRIA, MAS SIM IR AO MÉDICO E TOMAR MUITO LÍ........DO.

PARA EVITAR QUE O MOS........TO DA DEN........ SE REPRODUZA, É IMPORTANTE EVITAR FOCOS DE ÁGUA PARADA.

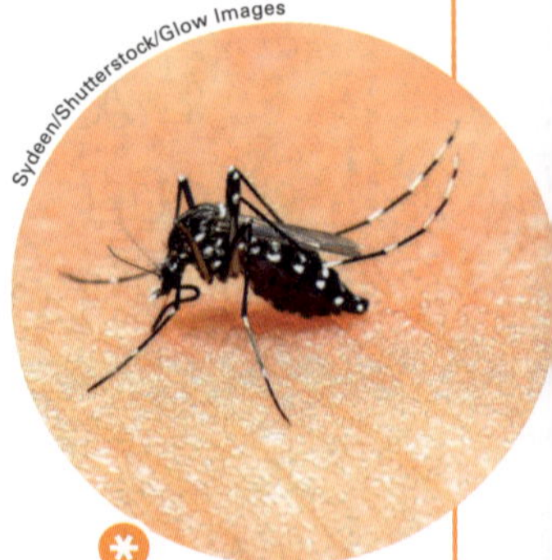
Sydeen/Shutterstock/Glow Images

* *AEDES AEGYPTI*

6 LEIA AS ADIVINHAS E ENCONTRE AS RESPOSTAS NO DIAGRAMA.

A) MAMÍFERO QUE VIVE PENDURADO EM ÁRVORES.

Vilainecrevette/ Shutterstock/Glow Images

....

B) TIPO DE MACARRÃO EM FORMA DE FIOS.

MAHATHIR MOHD YASIN/ Shutterstock/Glow Images

....

C) INSTRUMENTO MUSICAL COM CORDAS.

AlexMaster/Shutterstock/ Glow Images

....

D) ANIMAL QUE PODE VIVER NO MANGUE.

Cuson/Shutterstock/ Glow Images

....

E) ÁRVORE QUE DÁ MANGA.

SOMMAI/Shutterstock/ Glow Images

....

P	R	E	G	U	I	Ç	A	I	N	H	C	V	Q
N	Q	M	B	F	D	S	S	Y	S	J	T	B	R
X	E	S	P	A	G	U	E	T	E	L	W	R	Y
F	V	A	R	D	Z	G	U	I	T	A	R	R	A
O	G	U	A	M	A	N	G	U	E	I	R	A	J
U	G	E	U	F	U	S	H	Z	R	S	L	F	K
S	Q	A	C	A	R	A	N	G	U	E	J	O	B

ÁGUA

Maria Sbytova/Shutterstock/Glow Images

- VOCÊ SABE QUAL É A IMPORTÂNCIA DA ÁGUA EM NOSSA VIDA?
- VOCÊ SABE O QUE SIGNIFICA NÃO DESPERDIÇAR ÁGUA?

ÁGUA

água

água

TODOS NÓS DEVEMOS CONTRIBUIR PARA A ECONOMIA DE Á**GUA**. SE NÃO MUDARMOS NOSSOS HÁBITOS DE CONSUMO, UM DIA A ÁGUA POTÁVEL PODE ACABAR.

ATIVIDADES

1 VOCÊ CONHECE ESTA CANÇÃO? LEIA A LETRA DELA E CANTE-A COM OS COLEGAS.

ÁGUA! VAMOS ECONOMIZAR!

ECONOMIZAR ÁGUA!
SABENDO USAR NÃO VAI FALTAR
ÁGUA EM NENHUM LUGAR.
ECONOMIZAR ÁGUA!
ÁGUA É PRA SE USAR
MAS SEM EXAGERAR.

ECONOMIZAR ÁGUA É BOM!
NÃO DEIXE A TORNEIRA PINGANDO,
SENÃO A ÁGUA PODE ACABAR.
SE É FÁCIL ABRIR A TORNEIRA,
É MUITO MAIS FÁCIL FECHAR.
VOCÊ QUE LAVA CALÇADA
E GOSTA DE CANTAR NO BANHEIRO,
A ÁGUA É DESPERDIÇADA,
ACABA E CUSTA MUITO DINHEIRO.

POR ISSO, É PRECISO:
ECONOMIZAR ÁGUA!
SABENDO USAR NÃO VAI FALTAR
ÁGUA EM NENHUM LUGAR.
ECONOMIZAR ÁGUA!
ÁGUA É PRA SE USAR
MAS SEM EXAGERAR.

ECONOMIZAR ÁGUA! (5X)
ECONOMIZAR ÁGUA É BOM!

Ilustra Cartoon/Arquivo da editora

ÁGUA! VAMOS ECONOMIZAR!
PLANETA TERRA (CD),
DA TURMA DA MÔNICA, 2004.

- CONVERSE COM OS COLEGAS E O PROFESSOR SOBRE O QUE PODE ACONTECER DE BOM SE TODOS ECONOMIZAREM ÁGUA.

2 COMPLETE OS ESPAÇOS COM **GUA**. DEPOIS, LEIA AS PALAVRAS E COPIE-AS.

Eric Isselee/Shutterstock/Glow Images

Timmary/Shutterstock/Glow Images

burnel1/Shutterstock/Glow Images

é.................. ré.................. ....rda-chuva

3 PINTE UMA SÍLABA DE CADA PALAVRA PARA FORMAR UMA NOVA.

LIN	DA		GUA	CHE		DE	DO				....
GUAR	DA		DA	DO		PE	NA		PO	RÃO	....
I	LHA		I	GUAL		DA	DO		DE	DO	....

4 ENCONTRE NO DIAGRAMA CINCO PALAVRAS COM **GUA** OU **GUO**.

E	N	X	A	G	U	A	R	U
X	E	N	X	A	G	U	O	U
A	G	U	A	R	D	A	R	A
G	U	A	R	D	A	Q	S	E
O	G	U	A	G	U	O	U	C

5 LEIA ESTE TEXTO COM O PROFESSOR E OS COLEGAS.

ALGUMAS PESSOAS NÃO GOSTAM DE SE LAVAR. ELAS NÃO ENTENDEM A IMPORTÂNCIA DA HIGIENE PESSOAL.

OU PARECEM NÃO TER TEMPO PARA ISSO.

TENTE IMAGINAR O QUE ACONTECERIA SE VOCÊ DEIXASSE DE SE LAVAR.

"**POR QUE DEVO ME LAVAR?": APRENDENDO SOBRE HIGIENE PESSOAL**, DE CLAIRE LLEWELLYN E MIKE GORDON. SÃO PAULO: SCIPIONE, 2003.

- IMAGINE TOM DEPOIS QUE ELE SE LAVOU. EM UMA FOLHA AVULSA, DESENHE-O.

RAIZ

siambizkit/Shutterstock/Glow Images

- VOCÊ SABE QUAL PARTE DA PLANTA ESTÁ REPRESENTADA NA FOTO?
- EM SUA OPINIÃO, QUAL É A IMPORTÂNCIA DA RAIZ EM UMA PLANTA?

RAIZ

raiz

raiz

A RA**IZ** É UMA PARTE DA PLANTA. ELA RETIRA DO AMBIENTE A ÁGUA E OS SAIS MINERAIS DE QUE A PLANTA PRECISA PARA VIVER.

ATIVIDADES

1 OBSERVE ESTAS FOTOS DE DOIS TIPOS DE RAIZ COMESTÍVEL, ISTO É, DE RAÍZES QUE PODEMOS COMER.

1

Abramova Elena/Shutterstock/Glow Images

2

Madlen/Shutterstock/Glow Images

A) LEIA AS INFORMAÇÕES ABAIXO E NUMERE-AS DE ACORDO COM AS FOTOS.

( ) **CENOURA**: A RAIZ É RICA EM VITAMINA A. É CONSUMIDA CRUA OU COZIDA.

( ) **RABANETE**: A RAIZ É CURTA E TEM SABOR PICANTE. É CONSUMIDA GERALMENTE EM SALADAS.

B) ESCREVA UMA FRASE USANDO O NOME DESSAS RAÍZES.

....

....

2 COMPLETE OS ESPAÇOS COM **IZ** OU **UZ**. DEPOIS, COPIE AS PALAVRAS.

noBorders - Brayden Howie/Shutterstock/Glow Images

Leonid Andronov/Shutterstock/Glow Images

João Prudente/Pulsar Imagens

cap..............

chafar..............

cusc..............

3 LEIA AS PALAVRAS ABAIXO E ESCREVA-AS NO QUADRO CORRESPONDENTE.

ÔNIBUS	BOLOS	HÉRCULES	URUBUS	CAPUZ
TÊNIS	VEZ	CHAFARIZ	BALAS	CARTAZ
RELUZ	PÉS	LÁPIS	FELIZ	ÓCULOS
DEZ	ARROZ	PAZ	VOZ	ATLAS

AS	ES	IS

OS	US

AZ	EZ	IZ

OZ	UZ

4 O QUE É, O QUE É? DESCUBRA AS RESPOSTAS DAS ADIVINHAS E ESCREVA-AS. **DICA**: AS PALAVRAS TERMINAM COM **Z**.

A) GRÃO MUITO USADO NA ALIMENTAÇÃO → ....

B) NÚMERO DE DEDOS DAS MÃOS → ....

C) ÓRGÃO DO OLFATO → ....

D) APITA O JOGO → ....

E) PARTE DA PLANTA CUJA FUNÇÃO É RETIRAR DO AMBIENTE ÁGUA E SAIS MINERAIS → ....

5 LEIA O TRAVA-LÍNGUA.

ZÁS-TRÁS!
O DAGOBERTO VAZ
É UM EXCELENTE RAPAZ!
COMO PILOTO, É UM ÁS...

E É UMA PESSOA CAPAZ,
QUE SEMPRE SABE O QUE FAZ.

QUEM É ESPERTO É SAGAZ.
QUEM FALA MUITO É LOQUAZ.
QUEM MENTE MUITO É MENDAZ,
QUEM FALA A VERDADE É VERAZ.
QUEM COSTUMA É COSTUMAZ.

E EU SOU MUITO PERSPICAZ.
DETESTO GENTE MORDAZ,
MAS REALMENTE ME APRAZ
QUE TODOS VIVAM EM PAZ!

Ilustra Cartoon/Arquivo da editora

TRAVA-TRELA, DE CIÇA. RIO DE JANEIRO: NOVA FRONTEIRA, 2009.

A) AGORA, PINTE TODAS AS PALAVRAS QUE RIMAM.

B) TENTE REPETIR BEM RÁPIDO SOMENTE AS PALAVRAS QUE VOCÊ PINTOU.

PREGUIÇA

Vilainecrevette/Shutterstock/Glow Images

- VOCÊ JÁ VIU O ANIMAL DA FOTO?
- O QUE VOCÊ SABE SOBRE ELE?

PREGUIÇA

preguiça

preguiça

A **PRE**GUIÇA É UM ANIMAL MAMÍFERO QUE VIVE EM ÁRVORES. ELA TEM ESSE NOME PORQUE SEUS MOVIMENTOS SÃO MUITO LENTOS.

A PREGUIÇA ALIMENTA-SE DE BROTOS E PLANTAS.

ATIVIDADES

1 LEIA O POEMA COM O PROFESSOR E OS COLEGAS. DEPOIS, CIRCULE A PALAVRA **PREGUIÇA** E PINTE A CENA.

A PREGUIÇA VIVE
PENDURADA NUM GALHO,
PORQUE ELA SABE
QUE PARA DESCER
DÁ MUITO TRABALHO!

Mario Pita/Arquivo da editora

RIMAS DOS BICHOS, DE FLÁVIO JOSÉ TEIXEIRA DE ALMEIDA. BELO HORIZONTE: LÊ, 1986.

2 ACRESCENTE A LETRA **R** E FORME OUTRAS PALAVRAS. VEJA O EXEMPLO:

PATO → P**R**ATO

FACA → ....

CAVO → ....

CUBO → ....

PATA → ....

FITA → ....

FIO → ....

3 LEIA AS PALAVRAS DO QUADRO. DEPOIS, ESCREVA-AS ABAIXO DAS IMAGENS CORRESPONDENTES.

DROMEDÁRIO	BRINCO	ESTRELA	CRAVO	AGRIÃO
LIVRO	FRIGIDEIRA	TIGRE	PRATO	

Susii/Shutterstock/Glow Images

Svetlana Foote/Shutterstock/Glow Images

Petr Malyshev/Shutterstock/Glow Images

....

Heike Rau/Shutterstock/Glow Images

Paul Orr/Shutterstock/Glow Images

Chamille White/Shutterstock/Glow Images

....

KAMONRAT/Shutterstock/Glow Images

LanKS/Shutterstock/Glow Images

Jin Jo/Shutterstock/Glow Images

....

4 COMPLETE AS FRASES COM AS PALAVRAS DO QUADRO:

TEM – TREM	FIO – FRIO	TIO – TRIO

A) O PASSARINHO ANDA PELO .... E PARECE QUE SENTE ....

B) NO CARNAVAL, MEU .... GOSTA DE BRINCAR INDO ATRÁS DO .... ELÉTRICO.

C) VOU ATÉ A ESTAÇÃO VER SE .... ALGUM .... SAINDO AGORA.

5 O QUE É, O QUE É? RESPONDA ÀS ADIVINHAS.

A) PERSONAGEM DE HISTÓRIA DA QUAL FAZEM PARTE OS SETE ANÕES.

....

B) ANIMAL SEM PATAS, DE CORPO ALONGADO E COBERTO POR ESCAMAS.

....

C) MUITAS HISTÓRIAS PODEM SER ENCONTRADAS NELE.

....

D) NOME DO NOSSO PAÍS.

....

E) O MESMO QUE TRÊS DEZENAS.

....

6 ACOMPANHE A LEITURA E OUÇA COM ATENÇÃO.

A LONTRA PRENDEU A TROMBA DO MONSTRO DE PEDRA E A PRENDA DE PRATA DE PEDRO, O PEDREIRO.

QUERO QUE VOCÊ ME DIGA SETE VEZES ENCARRILHADO SEM ERRAR, SEM TOMAR FÔLEGO:

— VACA PRETA, BOI PINTADO!

PARLENDAS PARA BRINCAR, DE LUCILA SILVA DE ALMEIDA E JOSCA AILINE BAROUKH. SÃO PAULO: PANDA BOOKS, 2013.

A) O DESAFIO AGORA É VOCÊ REPETIR O TRAVA-LÍNGUA RAPIDINHO SEM SE ENROLAR.

B) CONSULTE O TRAVA-LÍNGUA E ESCREVA O NOME DESTE ANIMAL.

Curioso/Shutterstock/Glow Images

....

FLORESTA

3000ad/Shutterstock/Glow Images

- VOCÊ JÁ OUVIU FALAR NA FLORESTA AMAZÔNICA?

FLORESTA
floresta
floresta

NA **FLO**RESTA AMAZÔNICA EXISTE UMA GRANDE DIVERSIDADE DE PLANTAS E ANIMAIS.

ATIVIDADES

1 ACOMPANHE A LEITURA DO TEXTO E COMPLETE-O COM AS PALAVRAS **FLORESTA** E **PLANETA**.

APESAR DO DESMATAMENTO, A .... AMAZÔNICA AINDA É A MAIOR E MAIS RICA .... TROPICAL DO ....

2 FORME NOVAS PALAVRAS ACRESCENTANDO A LETRA **L**. VEJA O EXEMPLO:

FECHA → F**L**ECHA

FORA → ....

CARA → ....

FOR → ....

CARO → ....

PACA → ....

CORO → ....

3 LEIA AS SEGUINTES PALAVRAS EM VOZ ALTA. DEPOIS, ESCREVA-AS NOS LUGARES INDICADOS.

CLUBE GLOBO BLOCO FLAUTA ATLAS PLANTA

BL: ....

CL: ....

FL: ....

GL: ....

PL: ....

TL: ....

DESMATAMENTO: DESTRUIÇÃO DA FLORESTA.

4 RECORTE, DE JORNAIS E REVISTAS, PALAVRAS COM OS ENCONTROS CONSONANTAIS A SEGUIR E COLE-AS NO CADERNO.

BL	CL	FL	GL	PL	TL

5 ESCREVA O NOME DAS IMAGENS. DEPOIS, SEPARE AS SÍLABAS DAS PALAVRAS.

Yuriy Kulik/Shutterstock/Glow Images

Michel Cecconi/Shutterstock/Glow Images

Hurst Photo/Shutterstock/Glow Images

titov dmitriy/Shutterstock/Glow Images

Vitalii Tiagunov/Shutterstock/Glow Images

Gena73/Shutterstock/Glow Images

6 VOCÊ SABE O QUE SE COMEMORA NO DIA 22 DE AGOSTO? CONVERSE COM OS COLEGAS E O PROFESSOR E, DEPOIS, ESCREVA.

7 OBSERVE A CENA E CRIE UMA HISTÓRIA.

Ilustra Cartoon/Arquivo da editora

PATINS

Tatyana Vyc/Shutterstock/Glow Images

- O QUE A CRIANÇA DA FOTO ESTÁ FAZENDO?
- VOCÊ SABE ANDAR DE PATINS? COMO APRENDEU?

PATINS

patins

patins

ANDAR DE PAT**INS** É MUITO DIVERTIDO. MAS É NECESSÁRIO USAR EQUIPAMENTO DE SEGURANÇA PARA EVITAR ACIDENTES.

ALÉM DOS PATINS DE RODAS, EXISTEM TAMBÉM OS PATINS FEITOS PARA PATINAR NO GELO, QUE POSSUEM UMA LÂMINA NA SOLA.

ATIVIDADES

1 LEIA AS PALAVRAS ABAIXO. CIRCULE AS QUE O PROFESSOR DITAR.

ANS
TR**ANS**PLANTE
TR**ANS**PORTE
TR**ANS**FORMAR

ENS
PARAB**ÉNS**
PAISAG**ENS**
NUV**ENS**

INS
INSTANTÂNEO
JARD**INS**
INSTRUMENTO

ONS
BOMB**ONS**
C**ONS**TELAÇÃO
M**ONS**TROS

UNS
ÁLB**UNS**
ALG**UNS**
COM**UNS**

- AGORA, ESCREVA O NOME DE CADA IMAGEM.

Olesya Feketa/Shutterstock/Glow Images

Pakhnyushchyy/Shutterstock/Glow Images

originalpunkt/Shutterstock/Glow Images

....

2 ORDENE AS SÍLABAS E FORME PALAVRAS.

TO MEN TRU INS	TAR TRANS POR	ÇÃO TRU CONS

....

3 COLOQUE NOS CÍRCULOS A PRIMEIRA LETRA DO NOME DE CADA FIGURA E DESCUBRA DUAS PALAVRAS.

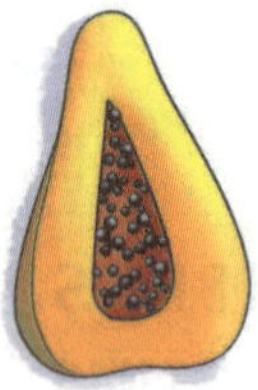

Ilustrações: Ilustra Cartoon/Arquivo da editora

- AGORA DESENHE E ESCREVA AS PALAVRAS QUE VOCÊ DESCOBRIU.

4 LEIA OS QUADRINHOS:

O MENINO MALUQUINHO, DE ZIRALDO. JORNAL **O GLOBO**. GLOBINHO.

A) O QUE O MENINO MALUQUINHO QUERIA?

....

....

B) DE ACORDO COM A MÃE DO MENINO MALUQUINHO, NÃO É ADEQUADO PARA CRIANÇAS O LIVRO QUE TEM:

- ◯ ANIMAIS.
- ◯ BRUXAS.
- ◯ MONSTROS.

PEIXE

Sphinx Wang/Shutterstock/Glow Images

- VOCÊ JÁ VIU ESTE PEIXE? SABE O NOME DELE?

PEI**XE**

pei**xe**

pei**xe**

OS PEI**XE**S SÃO ANIMAIS AQUÁTICOS, ISTO É, QUE VIVEM NA ÁGUA. ALGUNS VIVEM EM ÁGUA DOCE, E OUTROS, EM ÁGUA SALGADA.

ATIVIDADES

1 CANTE A CANTIGA COM SEUS COLEGAS. DEPOIS, CIRCULE A PALAVRA QUE TEM A LETRA **X**.

COMO PODE UM PEIXE VIVO
VIVER FORA DA ÁGUA FRIA
COMO PODEREI VIVER
COMO PODEREI VIVER
SEM A TUA, SEM A TUA
SEM A TUA COMPANHIA

CANTIGA POPULAR

Ilustra Cartoon/Arquivo da editora

2 LEIA AS PALAVRAS ABAIXO E REPARE QUE O **X** TEM DIFERENTES SONS.

X COM SOM DE **CH**	**X** COM SOM DE **Z**	**X** COM SOM DE **SS**	**X** COM SOM DE **CS**	**X** COM SOM DE **S**
CAIXA	EXÉRCITO	AUXÍLIO	TÁXI	EXCURSÃO
XÍCARA	EXEMPLO	PRÓXIMO	TÓRAX	EXPLICAÇÃO
BRUXA	EXERCÍCIO	MÁXIMO	ALEX	EXPERIÊNCIA
ENXADA	EXAGERADO	TROUXE	AXILA	EXPOSIÇÃO
XAROPE	EXAUSTO	APROXIMOU	SAXOFONE	EXCLAMAÇÃO

- ESCOLHA PALAVRAS DOS QUADROS ACIMA PARA COMPLETAR AS FRASES.

A) TOMEI UMA .... DE CHÁ.

B) .... TOCA .... MUITO BEM!

C) A .... SERÁ NO .... MÊS.

3 CIRCULE AS PALAVRAS QUE TÊM **X** E LEIA-AS EM VOZ ALTA.

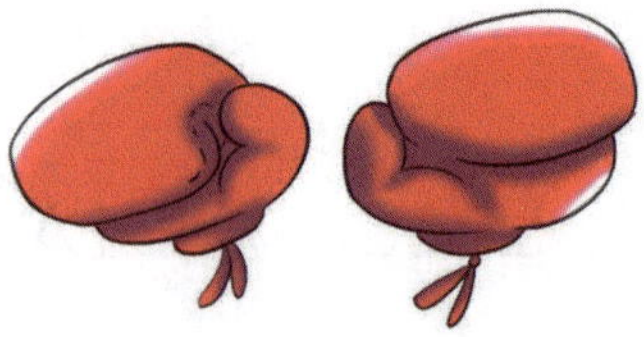

ESTAS SÃO LUVAS DE BOXE.

VEJA O REFLEXO DO LUAR.

ALEXANDRE ESTÁ EXAUSTO!

Ilustrações: Ilustra Cartoon/ Arquivo da editora

ESCUTEI UMA EXPLOSÃO.

LI UMA HISTÓRIA COM BRUXAS.

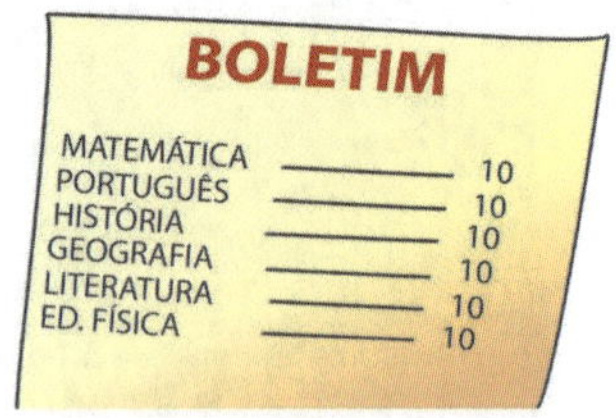

SOMENTE NOTA MÁXIMA!

4 ENCONTRE NO DIAGRAMA OUTRAS CINCO PALAVRAS QUE TÊM **X**.

X	Í	C	A	R	A	F	R	U	B	L	E
N	Q	M	B	F	D	X	A	M	P	U	V
X	R	E	F	L	E	X	O	R	F	F	P
O	X	I	G	Ê	N	I	O	A	G	D	M
U	D	E	X	C	U	R	S	Ã	O	R	P

- REÚNA-SE COM ALGUNS COLEGAS E, JUNTOS, ESCREVAM UM TEXTO UTILIZANDO ESSAS PALAVRAS.

5 LEIA O TEXTO A SEGUIR.

O CAXINGUELÊ
SUBIU
TÃO DEPRESSA
NA ÁRVORE,
QUE O PASSARINHO,
LÁ DE SUA CASA,
NO SEU NINHO,
PERGUNTOU:
— CAXINGUELÊ,
VOCÊ
TEM ASA?

BICHOS, DE RONALDO SIMÕES COELHO. BELO HORIZONTE: ALETRIA, 2009.

A) COPIE A PERGUNTA QUE O PASSARINHO FEZ AO CAXINGUELÊ.

....

B) AGORA ESCREVA NO BALÃO O QUE VOCÊ IMAGINA QUE O CAXINGUELÊ RESPONDEU.

Ilustrações: Ilustra Cartoon/Arquivo da editora

CACTO

cpaulfell/Shutterstock/Glow Images

- VOCÊ JÁ VIU ESTA PLANTA? ONDE?

CACTO

cacto

cacto

O CA**CT**O É UMA PLANTA COM GALHOS EM FORMA DE PÁ, REPLETOS DE ESPINHOS E FLORES DE CORES VIVAS.

O CACTO É UMA PLANTA RESISTENTE À SECA.

ATIVIDADES

1 LEIA AS PALAVRAS ABAIXO E COMPLETE AS FRASES.

ADMIRADA   OBSTÁCULOS   MAGDA   MAGNÍFICO   OBJETO

O nome da nova aluna é ....

Assisti a um .... filme.

O vencedor da competição ultrapassou todos os ....

Caiu um .... no chão.

Fiquei .... com a beleza do mar.

2 LEIA ESTAS PALAVRAS, OBSERVE AS CONSOANTES DESTACADAS E SEPARE AS SÍLABAS NOS QUADRINHOS.

A**DV**OGADA

CA**CT**O

A**BS**ORVER

RI**TM**O

EUCALI**PT**O

INVI**CT**O

3 O MENINO MALUQUINHO ENCONTROU UMA LAGARTA E RESOLVEU CRIÁ-LA EM UM AQUÁRIO. LEIA UM TRECHO DA HISTÓRIA.

MALUQUINHO POR BICHOS, DE ZIRALDO. SÃO PAULO: GLOBO, 2006.

A) PROCURE NO PRIMEIRO QUADRINHO UMA PALAVRA NA QUAL A CONSOANTE **B** NÃO ESTÁ ACOMPANHADA DE VOGAL. DEPOIS, COPIE-A AQUI.

....

B) QUAL PALAVRA PODERIA SUBSTITUIR A PALAVRA **ÓBVIO**?

....

4 ENCONTRE NO DIAGRAMA QUATRO PALAVRAS QUE COMPLETAM AS FRASES ABAIXO.

R	R	B	A	F	A	F	R	U	B	L	R	P
É	Q	M	B	S	U	B	M	A	R	I	N	O
P	Z	R	T	E	E	W	A	R	P	N	E	U
T	H	E	L	I	C	Ó	P	T	E	R	O	V
I	U	A	R	D	E	Q	S	E	B	E	E	B
L	S	D	F	G	H	J	L	U	I	P	Q	O
C	D	E	X	C	W	R	S	X	A	R	X	N

A) O JACARÉ É UM ....

Songquan Deng/Shutterstock/Glow Imagest

B) FURROU O .... DO CARRO.

Izf/Shutterstock/Glow Images

C) O .... SOBREVOOU A CIDADE.

Korvit/Shutterstock/Glow Images

D) O .... FUNCIONA SOB A ÁGUA.

Paul Souders/Corbis/Latinstock

IDEIAS EM AÇÃO

BANDINHA RÍTMICA

NESTA UNIDADE VOCÊ APRENDEU MUITAS CANTIGAS DE RODA. QUE TAL CONSTRUIR INSTRUMENTOS DE SUCATA QUE PODERÃO SER USADOS QUANDO VOCÊ FOR CANTÁ-LAS?

CHOCALHO

MATERIAL NECESSÁRIO:

- DUAS LATAS DE REFRIGERANTE VAZIAS.
- GRÃOS DE FEIJÃO OU MILHO DE PIPOCA.
- FITA-CREPE.
- CANETINHAS COLORIDAS.

COMO FAZER:

1. LAVE BEM AS LATAS E ESPERE SECAR.
2. COLOQUE OS GRÃOS DE FEIJÃO OU DE MILHO DENTRO DELAS.
3. JUNTE AS LATAS PELA PARTE DE CIMA DELAS E USE A FITA-CREPE PARA UNI-LAS.
4. COLE FITA-CREPE EM VOLTA DA LATA E USE AS CANETINHAS PARA DECORÁ-LA.

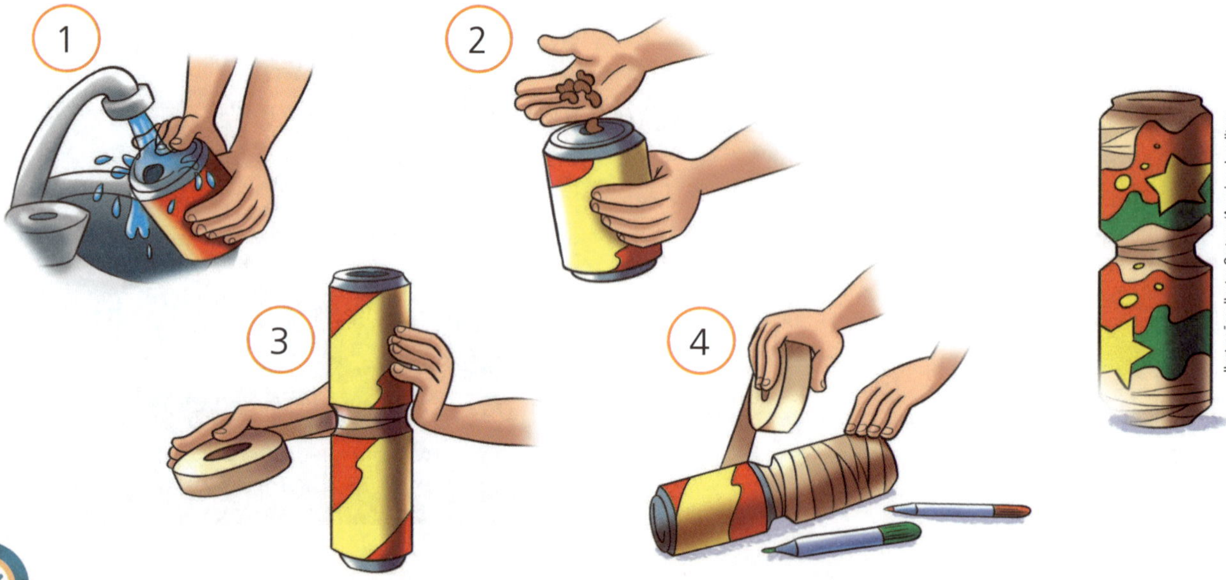

Ilustrações: Ilustra Cartoon/Arquivo da editora

TAMBOR

MATERIAL NECESSÁRIO:

- UMA LATA DE LEITE EM PÓ VAZIA, QUE TENHA A TAMPA DE PLÁSTICO.
- PAPEL COLORIDO.
- TESOURA SEM PONTA.
- COLA.
- UMA COLHER DE PAU PEQUENA.
- FITA-CREPE.

COMO FAZER:

1. LAVE A LATA E SEQUE-A.
2. ENFEITE AS LATERAIS DA LATA COM PAPEL COLORIDO.
3. USE A FITA-CREPE PARA PRENDER BEM A TAMPA DE PLÁSTICO NA LATA.
4. USE A COLHER DE PAU PARA BATUCAR NO SEU TAMBOR.

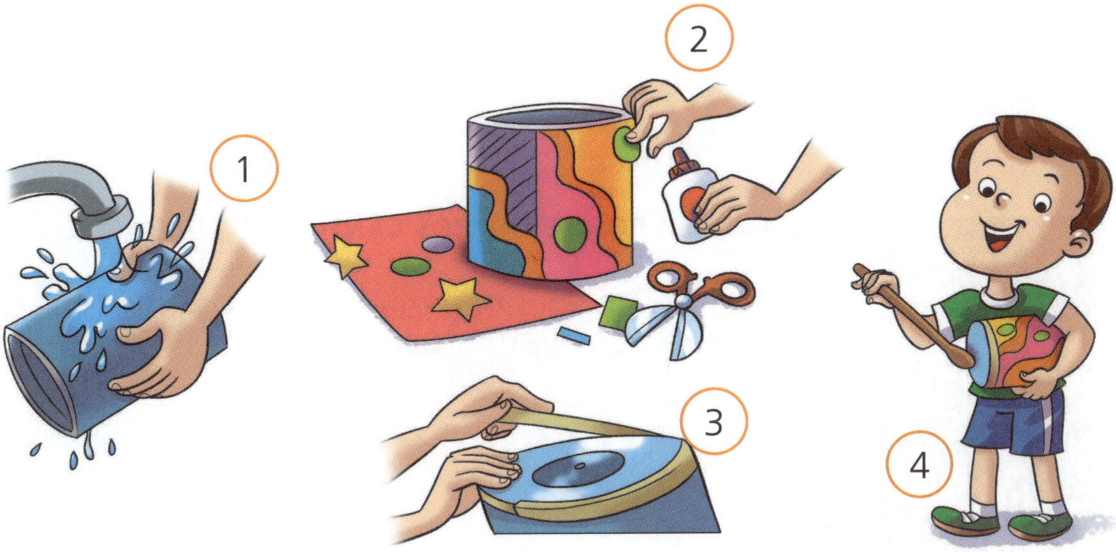

Ilustrações: Ilustra Cartoon/Arquivo da editora

LIVROS

Reprodução/Editora FTD

AH, CAMBAXIRRA, SE EU PUDESSE..., DE ANA MARIA MACHADO, FTD.

UMA AVE TENTA IMPEDIR QUE UM LENHADOR DERRUBE A ÁRVORE DE GALHO MAIS BONITO, ONDE ELA DESEJA FAZER O SEU NINHO. MAS O LENHADOR CUMPRE ORDENS DO CAPATAZ, QUE CUMPRE ORDENS DO BARÃO, ATÉ CHEGAR AO IMPERADOR. SERÁ QUE ELA IRÁ CONSEGUIR?

Reprodução/Editora Giramundo

... E O LOBO MAU SE DEU BEM, DE SUPPA. SÃO PAULO: GIRAMUNDO.

O LOBO MAU É AQUELA FIGURA CLÁSSICA QUE APRECE EM DIVERSAS HISTÓRIAS INFANTIS PARA FAZER O MAL, CERTO? SERÁ MESMO? O JOVEM LEITOR VAI SE DIVERTIR COM AS INUSITADAS SITUAÇÕES EM QUE SE VÊ ENVOLVIDO ESTE FAMOSO VILÃO.

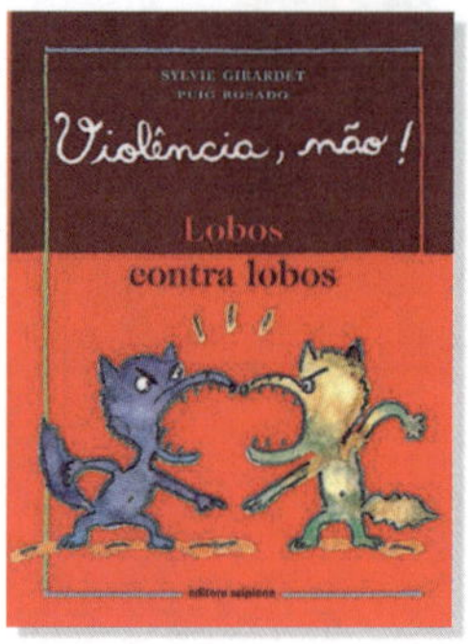

Reprodução/Editora Scipione

LOBOS CONTRA LOBOS, DE SYLVIE GIRARDET, SCIPIONE. (VIOLÊNCIA, NÃO!)

DOIS LOBOS DISPUTAM O MESMO TERRITÓRIO... QUAL É A SOLUÇÃO? BRIGAR? REPARTIR? OU NEGOCIAR? REPARTIR É UMA SOLUÇÃO, MAS NEM SEMPRE É POSSÍVEL. POR ISSO É BOM NEGOCIAR, PARA QUE NINGUÉM SE SINTA OU SAIA PREJUDICADO.

Reprodução/Editora Jujuba

MAS PAPAI..., DE MATHIEU LAVOIE E MARIANNE DUBUC, JUJUBA.

OS MACAQUINHOS SEMPRE INVENTAM ALGUMA COISA PARA NÃO DORMIR. SERÁ QUE O PAPAI MACACO VAI CONSEGUIR FAZER COM QUE ELES PEGUEM NO SONO? SÓ MESMO LENDO ESSA HISTÓRIA PARA DESCOBRIR.

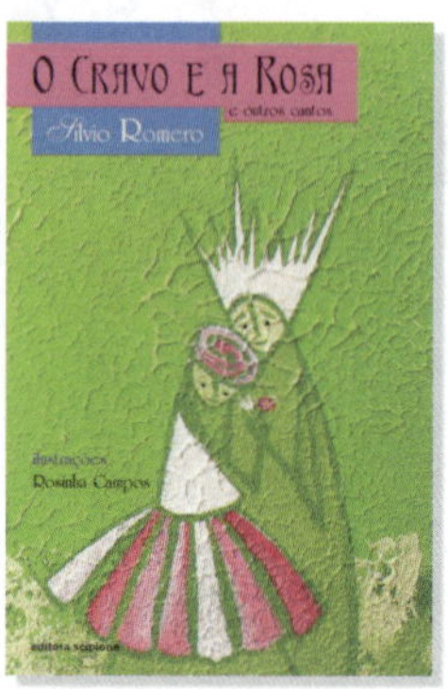

Reprodução/Editora Scipione

O CRAVO E A ROSA E OUTROS CANTOS, DE SÍLVIO ROMERO, SCIPIONE.

AO LER ESTE LIVRO VOCÊ CONHECERÁ MUITAS CANTIGAS DE RODA PARA CANTAR E SE DIVERTIR COM SEUS COLEGAS.

Reprodução/Editora Martins Fontest

O POTE VAZIO, DE DEMI, MARTINS FONTES.

HÁ MUITO TEMPO, NA CHINA, UM IMPERADOR PRECISAVA ESCOLHER UM HERDEIRO. ENTÃO, ELE DÁ UMA SEMENTE DE FLOR PARA CADA CRIANÇA DO REINO, DIZENDO "QUEM PROVAR QUE FEZ O MELHOR POSSÍVEL DENTRO DE UM ANO, SERÁ MEU SUCESSOR!". PING, UM MENINO QUE ADORAVA FLORES, PLANTOU SUA SEMENTE E CUIDOU DELA DIA APÓS DIA, MAS A SEMENTE NÃO BROTOU... ESTA BELA FÁBULA FALA SOBRE A HONESTIDADE RECOMPENSADA.

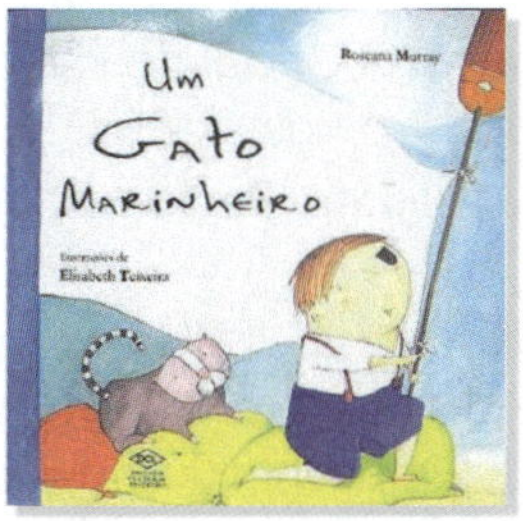

Reprodução/Editora Difusão Cultural do Livro

UM GATO MARINHEIRO, DE ROSEANA MURRAY, DCL.

NUMA TARDE DE CHUVA, PEPE NÃO PODE BRINCAR NA RUA. ENTÃO, CONVIDA SEU GATO BABEL PARA VIVER COM ELE GRANDES AVENTURAS. O MENINO USA VÁRIOS OBJETOS QUE ENCONTRA EM CASA PARA CONSTRUIR UM VERDADEIRO NAVIO DE PIRATAS.

CD

Reprodução/AMZ Mídia

PEQUENO CIDADÃO V. 1, DE PEQUENO CIDADÃO, RADAR RECORDS.

ESTE É O CD DE ESTREIA DA BANDA **PEQUENO CIDADÃO**, FORMADA PELOS MÚSICOS EDGAR SCANDURRA, TACIANA BARROS, ANTONIO PINTO E SEUS FILHOS.

SITES@

Reprodução/<www.akatumirim.org.br>

AKATU MIRIM

<WWW.AKATUMIRIM.ORG.BR>

SITE COM JOGOS, VÍDEOS E ATIVIDADES QUE INCENTIVAM AS CRIANÇAS A PENSAR NO CONSUMO CONSCIENTE.

Reprodução/<discoverykidsbrasil.uol.com.br>

DISCOVERY KIDS

<HTTP://DISCOVERYKIDSBRASIL.UOL.COM.BR>

SITE DE JOGOS E VÍDEOS DESTINADOS AO PÚBLICO INFANTIL.

@ *Sites* acessados em: 19 maio 2015.

BIBLIOGRAFIA

ADAMS, M. J. et al. *Consciência fonológica em crianças pequenas*. Porto Alegre: Artmed, 2006.

ALMEIDA, F. J.; FRANCO, M. G. *Avaliação para a aprendizagem*: o processo avaliativo para melhorar o desempenho dos alunos. São Paulo: Ática Educadores, 2011.

BALDI, E. *Leitura nas séries iniciais*: uma proposta para formação de leitores de literatura. Porto Alegre: Projeto, 2009.

BARBA, C. et al. *Computadores em sala de aula*: métodos e usos. Tradução de Alexandre Salvaterra. Porto Alegre: Penso, 2012.

BARBOSA, L. M. S. *Temas transversais*: como utilizá-los na prática educativa? Curitiba: IBPEX, 2007.

BRASIL. Ministério da Educação. *Ensino Fundamental de nove anos*: orientações para a inclusão da criança de seis anos de idade. Brasília: MEC/SEB/FNDE, 2006.

______. *Pró-letramento*: programa de formação continuada de professores das séries iniciais do Ensino Fundamental. Brasília: MEC/SEB/FNDE, 2006. 7 v.

______. Secretaria da Educação Fundamental. *Parâmetros Curriculares Nacionais*: Língua Portuguesa. Brasília: MEC/SEF, 1997.

______. ______. *Referencial curricular nacional para Educação Infantil*. Brasília, 1998.

BUSQUETS, M. D. et al. *Temas transversais em educação*: bases para uma formação integral. 6. ed. São Paulo: Ática, 2000.

CAGLIARI, L. C. *Alfabetização & linguística*. São Paulo: Scipione, 2009. (Coleção Pensamento e ação na sala de aula).

CALKINS, L.; HARTMAN, A.; WHITE, Z. *Crianças produtoras de texto*: a arte de interagir em sala de aula. Porto Alegre: Artmed, 2008.

CAPRA, F. et al. *Alfabetização ecológica*: a educação das crianças para um mundo sustentável. Tradução de Carmen Fischer. São Paulo: Cultrix, 2014.

CARVALHO, F. C. A. *Tecnologias que educam*: ensinar e aprender com tecnologias de informação e comunicação. São Paulo: Pearson Prentice Hall, 2010.

COELHO, M. I. M.; COSTA, A. E. B. (Org.). *A educação e a formação humana*: tensões e desafios na contemporaneidade. Porto Alegre: Artmed, 2009.

COELHO, N. N. *Literatura infantil*: teoria, análise, didática. São Paulo: Moderna, 2011.

CUNHA, C.; CINTRA, L. F. L. *Nova gramática do português contemporâneo*. 3. ed. Rio de Janeiro: Nova Fronteira, 2013.

FAZENDA, I. C. A. *Didática e interdisciplinaridade*. Campinas: Papirus, 2010.

GERALDI, J. W. (Org.). *O texto na sala de aula*. São Paulo: Ática, 2006.

GOULART, I. B. *Piaget*: experiências básicas para utilização pelo professor. 20. ed. Petrópolis: Vozes, 2003.

HOFFMANN, J. *Avaliar para promover*: as setas do caminho. Porto Alegre: Mediação, 2009.

KOCH, I. G.; ELIAS, V. M. *Ler e compreender*: os sentidos do texto. São Paulo: Contexto, 2011.

KÖCHE, V. S.; MARINELLO, A. F.; BOFF, O. M. B. *Estudo e produção de textos*: gêneros textuais do relatar, narrar e descrever. Petrópolis: Vozes, 2012.

LEGAN, L. *A escola sustentável*: ecoalfabetizando pelo ambiente. São Paulo: Imprensa Oficial do Estado de São Paulo/Pirenópolis: Ecocentro, Ipec, 2007.

LUFT, C. P. *Novo guia ortográfico*. São Paulo: Globo, 2013.

MARZANO, R. J.; PICKERING, D. J.; POLLOCK, J. E. *O ensino que funciona*: estratégias baseadas em evidências para melhorar o desempenho dos alunos. Tradução de Magda Lopes. Porto Alegre: Artmed, 2008.

MORAIS, A. G. *Ortografia*: ensinar e aprender. São Paulo: Ática, 2010.

______. *Sistema de escrita alfabética*. São Paulo: Melhoramentos, 2012. (Coleção Como eu ensino).

MORAIS, J. *Criar leitores*: para professores e educadores. Barueri: Minha Editora, 2013.

NÓBREGA, M. J. *Ortografia*. São Paulo: Melhoramentos, 2013. (Coleção Como eu ensino).

PERRENOUD, P. et al. *As competências para ensinar no século XXI*: a formação dos professores e o desafio da avaliação. Tradução de Cláudia Schilling e Fátima Murad. Porto Alegre: Artmed, 2002.

PETTER, M.; FIORIN, J. L. (Org.). *África no Brasil*: a formação da língua portuguesa. São Paulo: Contexto, 2008.

PICCOLLI, L.; CAMINI, P. *Práticas pedagógicas em alfabetização*: espaço, tempo e corporeidade. Erechim: Edelbra, 2012.

ROIPHE, A.; Fernandez, M. A. *Gêneros textuais*: teoria e prática nos anos iniciais do Ensino Fundamental. Rio de Janeiro: Rovelle, 2011.

RUSSO, M. F.; VIAN, M. I. A. *Alfabetização*: um processo em construção. São Paulo: Saraiva, 2010.

SISTO, Celso. *Textos & pretextos sobre a arte de contar histórias*. Belo Horizonte: Aletria, 2012.

TEBEROSKY, A. *Compreensão de leitura*: a língua como procedimento. Tradução de Fátima Murad. Porto Alegre: Artmed, 2003.

VILLAS BOAS, B. M. F. *Virando a escola do avesso por meio da avaliação*. Campinas: Papirus, 2008.

VYGOTSKY, L. S. *Pensamento e linguagem*. Tradução de Jefferson Luiz Camargo. 3. ed. São Paulo: Martins Fontes, 2005.

ZABALA, A.; ARNAU, L. *Como aprender e ensinar competências*. Porto Alegre: Artmed, 2010.

MATERIAL DE APOIO

HORA DA HISTÓRIA

1º ANO

RAPUNZEL

CONTO DOS IRMÃOS GRIMM,
ADAPTADO POR MARIA TERESA MARSICO.
ILUSTRADO POR CAMILA DE GODOY

editora scipione

ERA UMA VEZ UM CASAL QUE DESEJAVA MUITO TER UM FILHO. UM DIA, FINALMENTE, A MULHER FICOU GRÁVIDA.

DURANTE A GRAVIDEZ, ELA SENTIA MUITOS DESEJOS E ELES AUMENTAVAM À MEDIDA QUE SUA BARRIGA CRESCIA.

CERTO DIA, A MULHER VIU NA CASA VIZINHA UMA LINDA PLANTAÇÃO DE RABANETES. SENTINDO UMA VONTADE IMENSA DE PROVAR OS RABANETES, PEDIU, ENTÃO, AO MARIDO QUE FOSSE BUSCAR UM POUCO.

À NOITE, O HOMEM SUBIU NO MURO E PULOU NO QUINTAL DA VIZINHA, QUE, SEM ELE SABER, ERA UMA BRUXA MUITO MALVADA. PEGOU ALGUNS RABANETES E LEVOU PARA A MULHER, QUE COMEU TUDO COM GOSTO.

NO DIA SEGUINTE, QUANDO O HOMEM FOI BUSCAR MAIS RABANETES, A BRUXA APARECEU FURIOSA À SUA FRENTE.

— COMO OUSA ROUBAR MEUS RABANETES? — ELA GRITOU.

O HOMEM, TREMENDO DE MEDO, EXPLICOU QUE SUA MULHER ESTAVA COM DESEJO DE COMER OS RABANETES E DISSE QUE MORRERIA SE NÃO OS COMESSE.

— TUDO BEM — A BRUXA FALOU MAIS CALMA. — VOU DEIXÁ-LO LEVAR QUANTOS RABANETES QUISER, MAS COM UMA CONDIÇÃO: QUERO QUE VOCÊ ME DÊ O BEBÊ QUANDO ELE NASCER.

COM MEDO DA BRUXA, O MARIDO CONCORDOU.

PASSADOS ALGUNS MESES, NASCEU UMA LINDA MENINA, QUE FOI BATIZADA COM O NOME DE RAPUNZEL.

NO ANIVERSÁRIO DE DOZE ANOS DE RAPUNZEL, A BRUXA RAPTOU A MENINA E A TRANCOU EM UMA TORRE.

A TORRE NÃO TINHA ESCADAS NEM PORTA, SOMENTE UMA PEQUENA JANELA POR ONDE A MENINA PODIA VER A FLORESTA.

RAPUNZEL TINHA LONGOS CABELOS DOURADOS.

QUANDO A BRUXA QUERIA ENTRAR NA TORRE, GRITAVA:

— RAPUNZEL, RAPUNZEL! JOGUE AS SUAS TRANÇAS.

A MENINA DESENROLAVA AS TRANÇAS E AS JOGAVA PELA JANELA. ENTÃO, A BRUXA SUBIA POR ELAS E, PARA DESCER, FAZIA O MESMO.

ASSIM, RAPUNZEL VIVEU SOLITÁRIA NA TORRE POR VÁRIOS ANOS.

UM DIA, UM PRÍNCIPE PASSAVA PERTO DA TORRE E OUVIU UMA VOZ TÃO BONITA QUE PAROU PARA ESCUTAR. FICOU POR UM TEMPO OBSERVANDO RAPUNZEL CANTAROLAR COM OS PASSARINHOS. DE REPENTE, VIU A BRUXA CHEGAR E GRITAR:

— RAPUNZEL, RAPUNZEL! JOGUE AS SUAS TRANÇAS.

NO DIA SEGUINTE, O PRÍNCIPE VOLTOU ATÉ A TORRE E GRITOU COMO A BRUXA:

— RAPUNZEL, RAPUNZEL! JOGUE AS SUAS TRANÇAS.

RAPUNZEL JOGOU AS TRANÇAS E LEVOU UM SUSTO QUANDO VIU O PRÍNCIPE ENTRAR PELA JANELA. O JOVEM EXPLICOU QUEM ERA E PROMETEU TIRAR RAPUNZEL DA TORRE O MAIS RÁPIDO POSSÍVEL. COMBINARAM QUE TODA VEZ QUE FOSSE VISITAR RAPUNZEL LEVARIA UM NOVELO DE SEDA PARA ELA TRANÇAR UMA ESCADA PARA FUGIR DA TORRE.

ALGUNS DIAS DEPOIS, PORÉM, A BRUXA DESCOBRIU O PLANO DOS DOIS E CORTOU AS TRANÇAS DE RAPUNZEL. EM SEGUIDA, LEVOU-A PARA UM DESERTO E LÁ A DEIXOU.

DEPOIS DISSO, A BRUXA VOLTOU À TORRE E AMARROU AS TRANÇAS CORTADAS DE RAPUNZEL AO TRINCO DA JANELA. QUANDO OUVIU A VOZ DO PRÍNCIPE, ELA JOGOU AS TRANÇAS.

AO VER O PRÍNCIPE CHEGAR AO ALTO DA TORRE, A BRUXA GRITOU:

— ARRÁ! VOCÊ PERDEU RAPUNZEL PARA SEMPRE!

A MALVADA EMPURROU O PRÍNCIPE DO ALTO DA TORRE, QUE, AO CAIR, ESPETOU OS OLHOS NOS ESPINHOS DE UMA ROSEIRA E FICOU CEGO.

DURANTE ANOS O PRÍNCIPE ANDOU POR TODOS OS LUGARES, MUITO TRISTE, PROCURANDO POR RAPUNZEL, O AMOR DE SUA VIDA.

UM DIA, DEPOIS DE MUITO ANDAR, ESCUTOU UMA LINDA VOZ CANTANDO UMA TRISTE CANÇÃO E SEGUIU EM SUA DIREÇÃO.

— RAPUNZEL! — ELE EXCLAMOU. — É VOCÊ?

RAPUNZEL RECONHECEU O PRÍNCIPE IMEDIATAMENTE. AO VER QUE ELE ESTAVA CEGO, ABRAÇOU-O E CHOROU. SUAS LÁGRIMAS CAÍRAM NOS OLHOS DELE E, NO MESMO INSTANTE, ELE VOLTOU A ENXERGAR COMO ANTES.

ENTÃO, O PRÍNCIPE RETORNOU PARA O SEU REINO LEVANDO RAPUNZEL. LÁ, OS DOIS SE CASARAM E FIZERAM UMA GRANDE FESTA. NUNCA MAIS VIRAM A BRUXA E VIVERAM FELIZES PARA SEMPRE.

MATERIAL DE APOIO

1º ANO

ALMANAQUE DAS LETRAS

Franck Boston/Shutterstock/Glow Images

editora scipione

1 VOCÊ JÁ SABE QUE MUITOS TEXTOS SÃO ESCRITOS COM LETRAS DE FÔRMA MAIÚSCULA E MINÚSCULA.
COMPLETE O ALFABETO COM AS LETRAS MAIÚSCULAS QUE ESTÃO FALTANDO.

A a	.... b	 c
.... d	E e	.... f
.... g	.... h	 i
J j	K k	 l
.... m	.... n	.... o
.... p	Q q	.... r
.... s	.... t	.... u
.... v	W w	 x
Y y	.... z	

2 VOCÊ TAMBÉM SABE QUE PODEMOS ESCREVER AS PALAVRAS COM LETRAS CURSIVAS, MAIÚSCULA E MINÚSCULA.
COMPLETE O ALFABETO COM AS LETRAS CURSIVAS MINÚSCULAS QUE ESTÃO FALTANDO.

A	B b	C ....
D	E	F f
G g	H	I ....
J	K k	L ....
M	N	O o
P p	Q	R ....
S	T	U u
V	W w	X x
Y y	Z	

3 LEIA A CANTIGA, OBSERVANDO O TIPO DE LETRA COM QUE ELA FOI ESCRITA. DEPOIS COPIE A CANTIGA COM LETRA CURSIVA.

PALMA, PALMA, PALMA,
PÉ, PÉ, PÉ,
RODA, RODA, RODA,
CARANGUEJO PEIXE É!

CARANGUEJO NÃO É PEIXE.
CARANGUEJO PEIXE É!
CARANGUEJO SÓ É PEIXE
NA ENCHENTE DA MARÉ.

PALMA, PALMA, PALMA,
PÉ, PÉ, PÉ,
RODA, RODA, RODA,
CARANGUEJO PEIXE É!

CANTIGA POPULAR

Ilustra Cartoon/Arquivo da editora

- MARQUE UM **X** NO NOME DOS ANIMAIS QUE APARECEM NA CANTIGA.
DICA: ELES ESTÃO ESCRITOS COM DIFERENTES TIPOS DE LETRA.

◯ CARANGUEJO	◯ peixe	◯ *caranguejo*
◯ *cavalo*	◯ CAVALO	◯ cavalo
◯ caranguejo	◯ PATO	◯ PEIXE
◯ pato	◯ *peixe*	◯ *pato*

4 ESCREVA COM LETRA CURSIVA O NOME DOS ANIMAIS.

AndreAnita/Shutterstock/Glow Images

URSO-POLAR

urso-polar

TARTARUGA

tartaruga

Willyam Bradberry/Shutterstock/Glow Images

Rosalie Kreulen/Shutterstock/Glow Images

BEIJA-FLOR

beija-flor

TUBARÃO

tubarão

Joe Belanger/Shutterstock/Glow Images

Juancat/Shutterstock/Glow Images

PINGUIM

pinguim

5 OBSERVE A CAPA DESTE LIVRO:

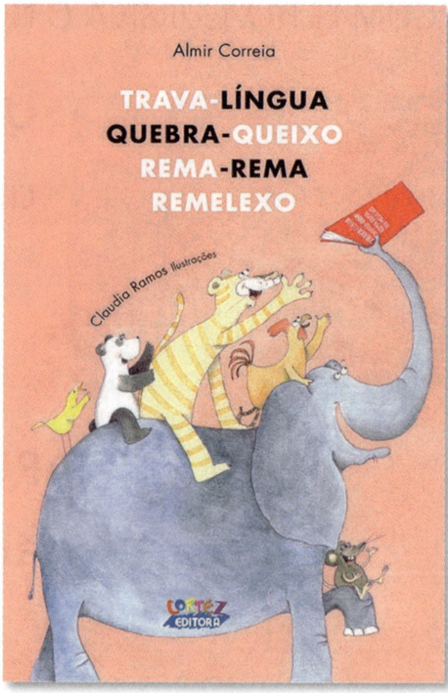

A) COM QUAL TIPO DE LETRA ESTÁ ESCRITO O TÍTULO DO LIVRO?

- ◯ LETRA CURSIVA MAIÚSCULA
- ◯ LETRA DE FÔRMA MAIÚSCULA
- ◯ LETRA DE FÔRMA MINÚSCULA

B) COPIE O TÍTULO DO LIVRO COM LETRA CURSIVA.

....

....

C) ESCREVA O NOME DOS ANIMAIS QUE APARECEM NA CAPA DO LIVRO. USE LETRA CURSIVA.

....

....

....

6 ESCREVA NÚMEROS IGUAIS PARA PALAVRAS IGUAIS, MAS ESCRITAS COM TIPOS DE LETRA DIFERENTES.

( ) trava-língua
( ) remelexo
( ) quebra-queixo
( ) REMA-REMA
( ) REMELEXO
( ) QUEBRA-QUEIXO
( ) TRAVA-LÍNGUA
( ) rema-rema
( ) remelexo
( ) quebra-queixo
( ) trava-língua
( ) rema-rema

- AGORA PINTE AS PALAVRAS COM AS CORES INDICADAS ABAIXO, DE ACORDO COM O TIPO DE LETRA COM QUE ESTÁ ESCRITA:

PALAVRA ESCRITA COM LETRA DE FÔRMA MAIÚSCULA

PALAVRA ESCRITA COM LETRA DE FÔRMA MINÚSCULA

PALAVRA ESCRITA COM LETRA CURSIVA MINÚSCULA

7 LEIA UM TRAVA-LÍNGUA DO LIVRO **TRAVA-LÍNGUA, QUEBRA-QUEIXO, REMA-REMA, REMELEXO**.

O TICO E O TECO

O TICO TEVE UM TRECO

E O TECO TEVE UM TICO

TIRE O TRECO DO TICO

TIRE O TICO DO TECO

E ATIRE TUDO NO PENICO

Ilustra Cartoon/Arquivo da editora

TRAVA-LÍNGUA, QUEBRA-QUEIXO, REMA-REMA, REMELEXO, DE ALMIR CORREIA. SÃO PAULO: CORTEZ, 2010.

A) COPIE O TRAVA-LÍNGUA COM LETRA DE FÔRMA MAIÚSCULA.

B) ESCREVA COM LETRA CURSIVA AS PALAVRAS QUE O PROFESSOR DITAR.

ALFABETO MÓVEL

MARCHA CRIANÇA

LÍNGUA PORTUGUESA

1º ANO

editora scipione

ESTE ENVELOPE PERTENCE A ____________________

DOBRE

COLE A

COLE B

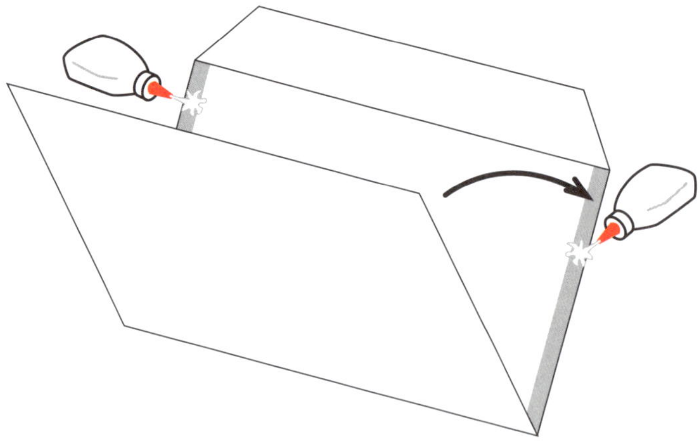

DOBRE

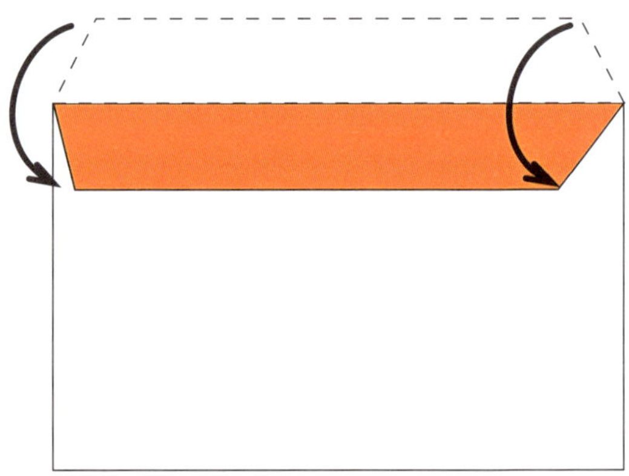

COLE A

COLE B

A	A	A	A	A
A	B	B	B	B
C	C	C	C	D
D	D	D	E	E
E	E	E	E	F
F	F	F	G	G
G	G	H	H	H
H	I	I	I	I

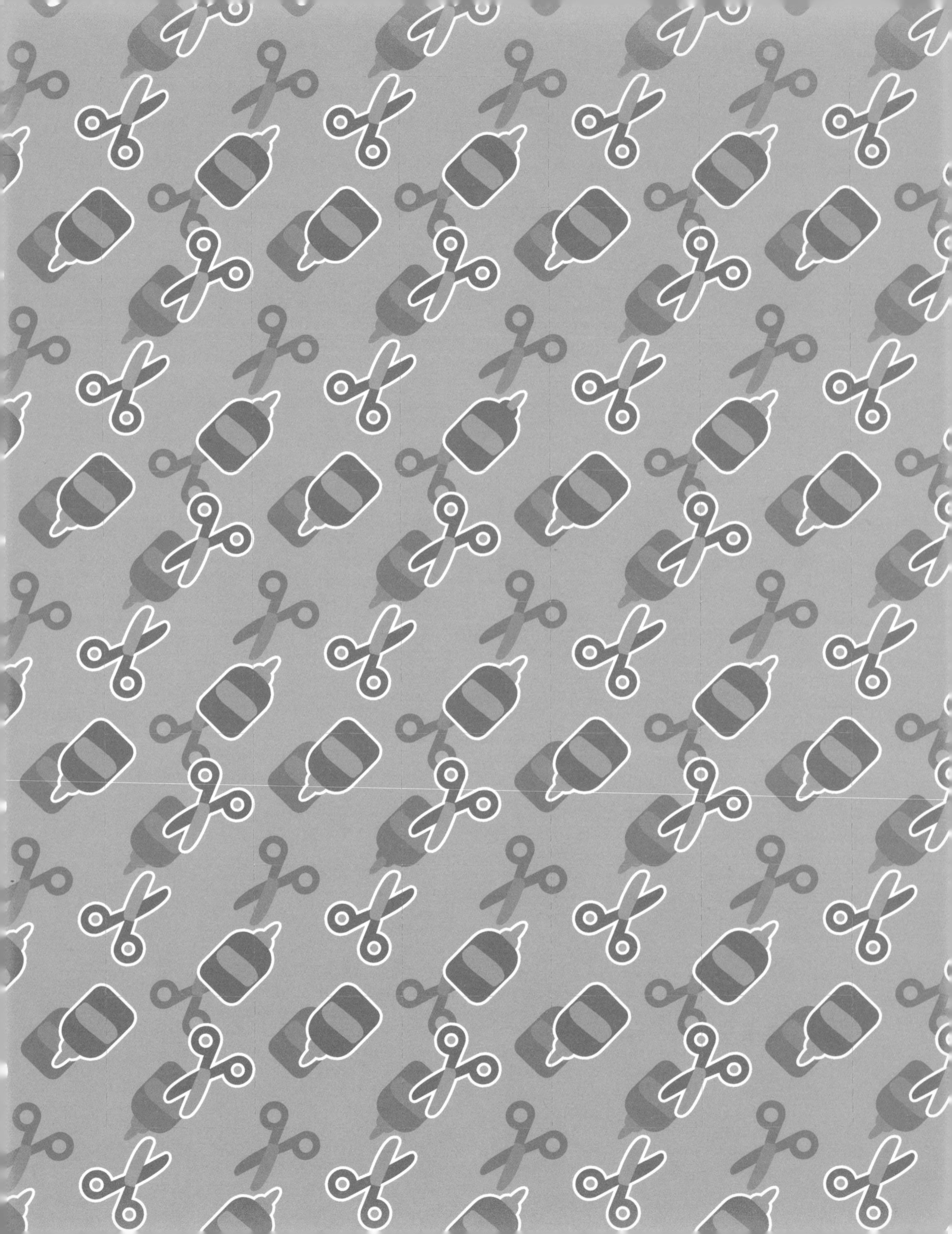

I	I	J	J	J
J	K	K	K	K
L	L	L	L	M
M	M	M	N	N
N	N	O	O	O
O	O	O	P	P
P	P	Q	Q	Q
Q	R	R	R	R

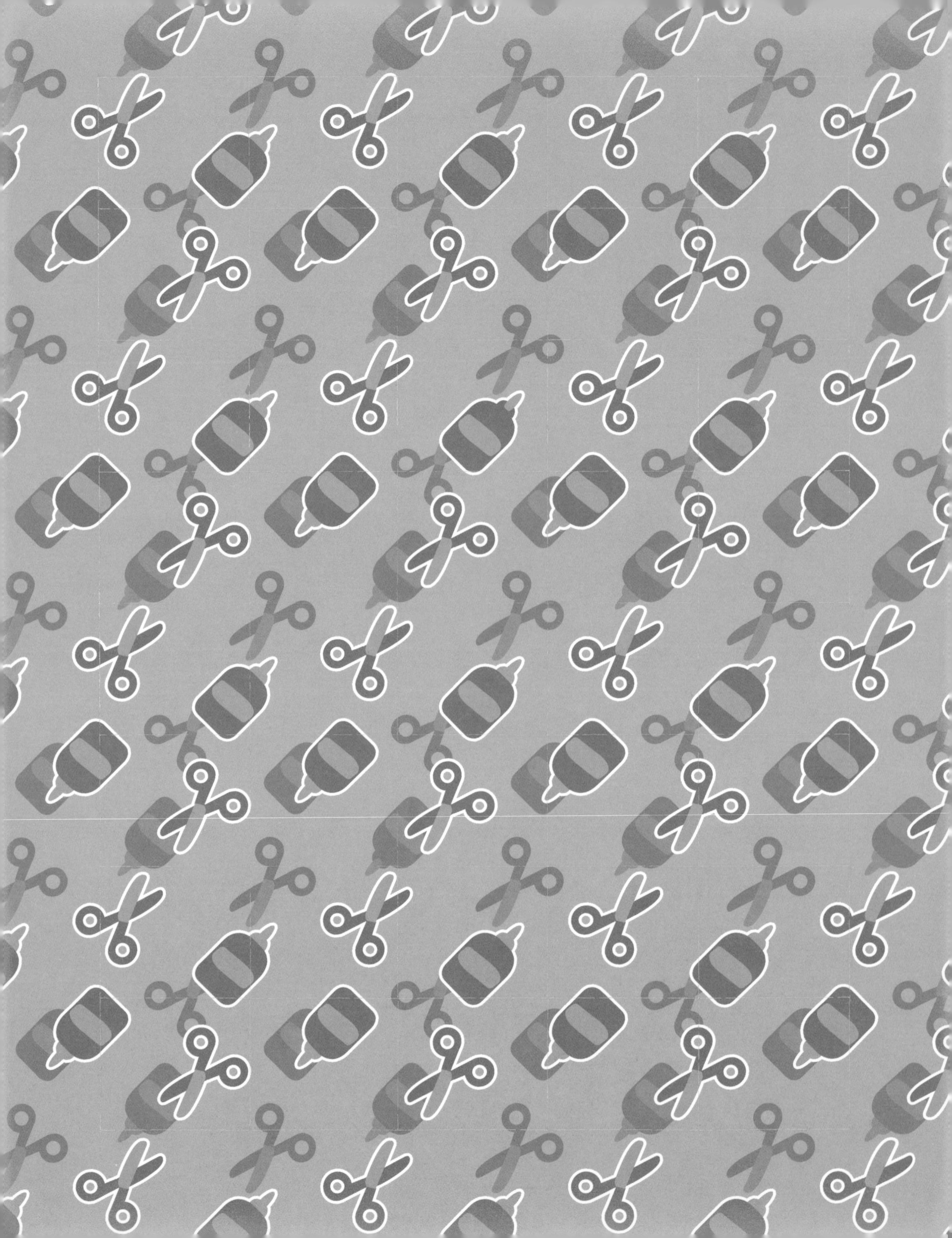

S	S	S	S	T
T	T	T	U	U
U	U	U	U	V
V	V	V	W	W
W	W	X	X	X
X	Y	Y	Y	Y
Z	Z	Z	Z	Ç
Ç	Ç	^ ^	~ ~	´ ´

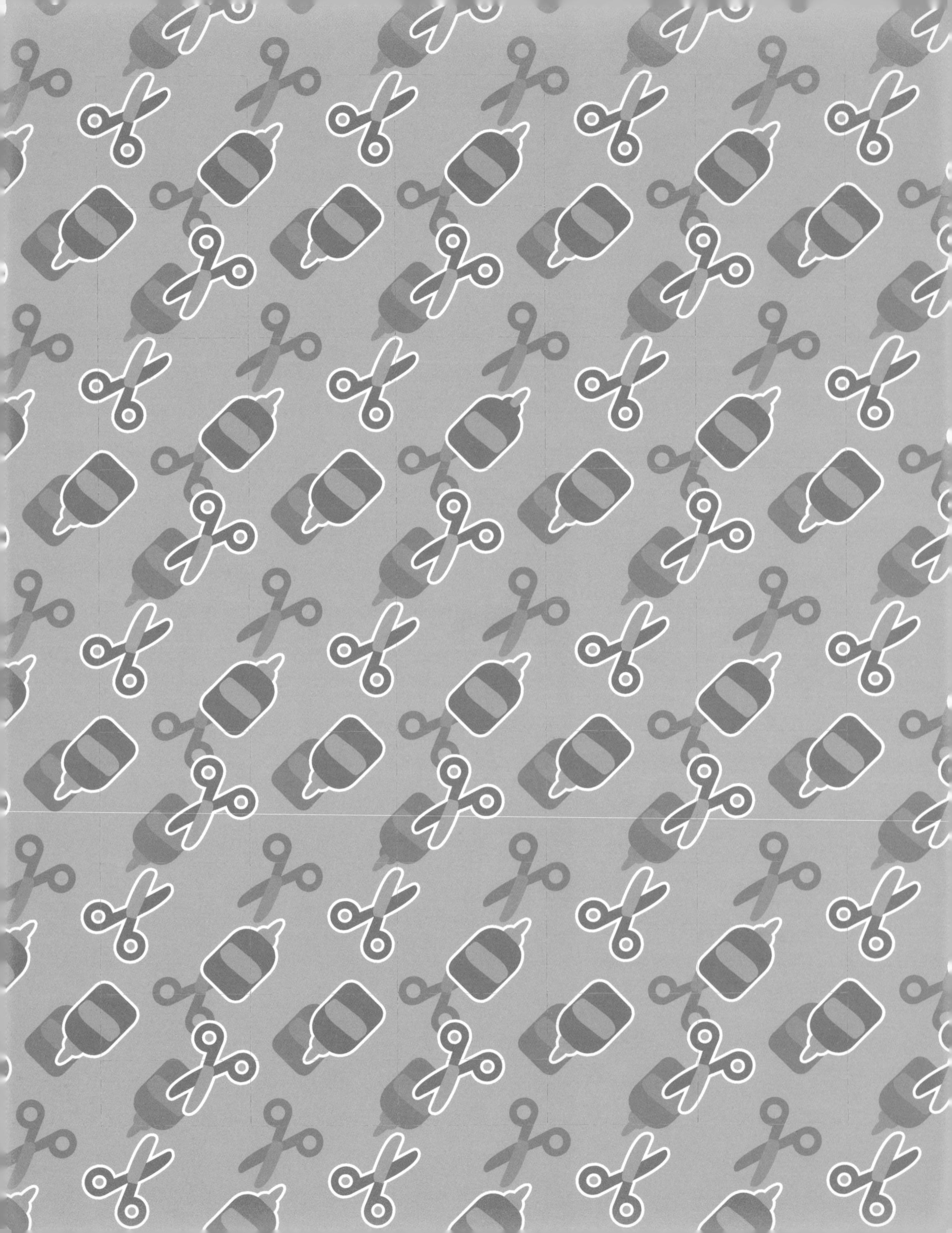

BRINCANDO COM PALAVRAS

NÚMERO DE PARTICIPANTES:

- 4 OU 5.

REGRAS DO JOGO:

- SORTEIE UMA LETRA DO ALFABETO MÓVEL E ESCREVA-A NA COLUNA "LETRA" DA CARTELA.
- OS PARTICIPANTES DEVEM ESCREVER, COM A LETRA SORTEADA, OS NOMES PEDIDOS.
- O PRIMEIRO A TERMINAR DIZ "*STOP*" E O JOGO É INTERROMPIDO, OU SEJA, OS OUTROS PARTICIPANTES NÃO PODEM CONTINUAR A ESCREVER.
- CADA PARTICIPANTE LÊ O QUE ESCREVEU NA SUA CARTELA, MARCANDO UM PONTO PARA CADA ACERTO.
- VENCE O JOGO QUEM FIZER MAIS PONTOS AO COMPLETAR A CARTELA.

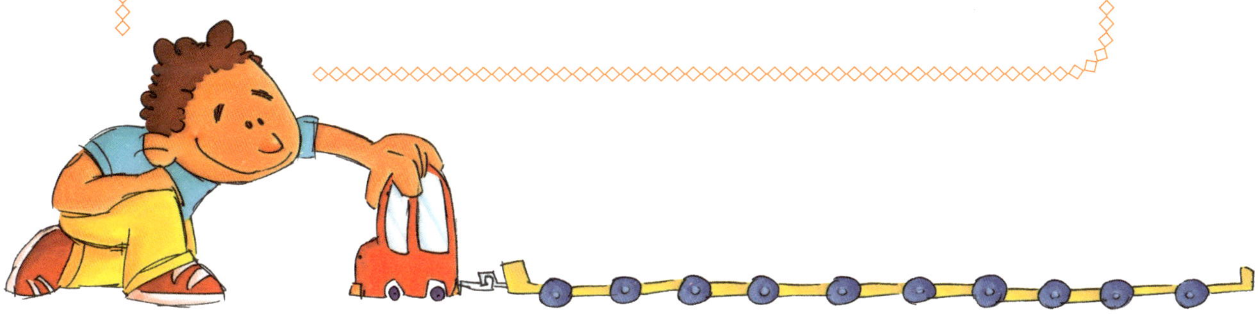

CARTELA

LETRA	NOME DE PESSOA	COR	ANIMAL	FRUTA	PONTOS
				TOTAL DE PONTOS	

LETRAS E SÍLABAS

MARCHA CRIANÇA

LÍNGUA PORTUGUESA

1º ANO

editora scipione

ESTE ENVELOPE PERTENCE A ____________________

DOBRE

COLE A

COLE B

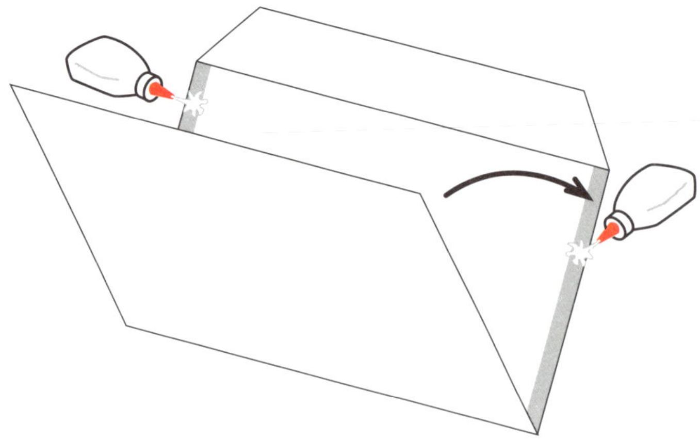

DOBRE

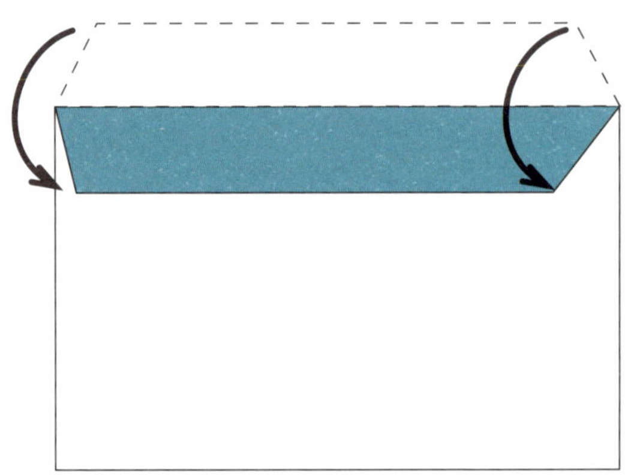

COLE A

COLE B

A a	E e	I i	O o	U u
A a	E e	I i	O o	U u
Ba ba	Be be	Bi bi	Bo bo	Bu bu
Ca ca	–	–	Co co	Cu cu
Da da	De de	Di di	Do do	Du du
Fa fa	Fe fe	Fi fi	Fo fo	Fu fu
Ga ga	–	–	Go go	Gu gu
Ja ja	Je je	Ji ji	Jo jo	Ju ju
La la	Le le	Li li	Lo lo	Lu lu
Ma ma	Me me	Mi mi	Mo mo	Mu mu

U u	O o	I i	E e	A a
U u	O o	I i	E e	A a
Bu bu	Bo bo	Bi bi	Be be	Ba ba
Cu cu	Co co	–	–	Ca ca
Du du	Do do	Di di	De de	Da da
Fu fu	Fo fo	Fi fi	Fe fe	Fa fa
Gu gu	Go go	–	–	Ga ga
Ju ju	Jo jo	Ji ji	Je je	Ja ja
Lu lu	Lo lo	Li li	Le le	La la
Mu mu	Mo mo	Mi mi	Me me	Ma ma

Na na	Ne ne	Ni ni	No no	Nu nu
Pa pa	Pe pe	Pi pi	Po po	Pu pu
Ra ra	Re re	Ri ri	Ro ro	Ru ru
Sa sa	Se se	Si si	So so	Su su
Ta ta	Te te	Ti ti	To to	Tu tu
Va va	Ve ve	Vi vi	Vo vo	Vu vu
Xa xa	Xe xe	Xi xi	Xo xo	Xu xu
Za za	Ze ze	Zi zi	Zo zo	Zu zu
ça ça	Ce ce	Ci ci	ço ço	çu çu
–	Ge ge	Gi gi	–	–

Nu nu	No no	Ni ni	Ne ne	Na na
Pu pu	Po po	Pi pi	Pe pe	Pa pa
Ru ru	Ro ro	Ri ri	Re re	Ra ra
Su su	So so	Si si	Se se	Sa sa
Tu tu	To to	Ti ti	Te te	Ta ta
Vu vu	Vo vo	Vi vi	Ve ve	Va va
Xu xu	Xo xo	Xi xi	Xe xe	Xa xa
Zu zu	Zo zo	Zi zi	Ze ze	Za za
çu çu	ço ço	Ci ci	Ce ce	ça ça
–	–	Gi gi	Ge ge	–

MARCHA CRIANÇA

1º ANO

A FESTA NO CÉU

CONTO POPULAR RECONTADO POR
YARA NAJMAN E VERA VERRI CALABRIA.
ILUSTRAÇÕES DE MARCELO PACHECO.

ALUNO: ....

ESCOLA: ....

editora scipione

Os bichos da floresta foram todos convidados para uma festa no céu. As aves ficaram alvoroçadas e muito alegres, pois não teriam problemas para chegar até lá. A bicharada que não voava estava muito triste por não poder ir, mas teve de se conformar.

AS BORBOLETAS, AS ABELHAS E OS BESOUROS FICARAM PREOCUPADOS E QUISERAM SABER SE PODERIAM IR À FESTA E FORAM INFORMADOS QUE TAMBÉM ESTAVAM CONVIDADOS.

O SAPO, QUE NÃO PODIA VOAR, DISSE QUE NÃO PERDERIA A FESTA POR NADA E QUE ENCONTRARIA UM JEITO DE CHEGAR ATÉ LÁ.

NINGUÉM ACREDITOU NELE, NEM O URUBU, QUE ERA SEU MELHOR AMIGO, POIS TODOS SABIAM QUE SERIA IMPOSSÍVEL PARA O SAPO CHEGAR LÁ.

NO DIA DA FESTA, LOGO PELA MANHÃ, O SAPO FOI VISITAR O URUBU. CONVERSOU COM O AMIGO, CONTOU MUITOS CASOS E PIADAS DIVERTINDO MUITO O DONO DA CASA. DEPOIS SE DESPEDIU DIZENDO QUE PRECISAVA IR EMBORA.

MAS, CHEGANDO À RUA, DEU MEIA-VOLTA E ENTROU ESCONDIDO PELA JANELA NA CASA DO URUBU. VENDO A VIOLA NUM CANTO DO QUARTO, METEU-SE DENTRO DELA ENCOLHENDO-SE TODO.

MAIS TARDE, O URUBU, SEM DESCONFIAR DE NADA, COLOCOU A VIOLA NAS COSTAS E VOOU PARA A FESTA. CHEGANDO AO CÉU, COLOCOU-A EM UM CANTO. QUANDO O SAPO PERCEBEU QUE NÃO HAVIA NINGUÉM POR PERTO PULOU FORA E FOI SE DIVERTIR.

OS OUTROS ANIMAIS FICARAM ESPANTADOS QUANDO VIRAM O SAPO LÁ EM CIMA. NINGUÉM CONSEGUIA ENTENDER COMO ELE TINHA CHEGADO LÁ.

O SAPO PULOU, DANÇOU E COMEU MUITO. DE MADRUGADA, PERCEBENDO QUE O URUBU SE PREPARAVA PARA PARTIR, O SAPO CORREU PARA SE ESCONDER. E COMO HAVIA COMIDO MUITO, QUASE NÃO CONSEGUIU ENTRAR NA VIOLA.

VOANDO DE VOLTA, O URUBU PERCEBEU QUE HAVIA ALGUMA COISA ERRADA, POIS A VIOLA ESTAVA MUITO PESADA. ENTÃO RESOLVEU VERIFICAR O QUE ESTAVA ACONTECENDO. QUANDO VIU QUE O SAPO ESTAVA ESCONDIDO LÁ DENTRO, FICOU FURIOSO, VIROU A VIOLA E O SAPO DESPENCOU DO CÉU. ELE CAIU EM CIMA DE UMA PEDRA E FICOU EM PEDAÇOS.

QUANDO O URUBU VIU O QUE TINHA ACONTECIDO, FICOU COM PENA DO AMIGO. CORREU ATÉ A SUA CASA, PEGOU AGULHA E LINHA E, CUIDADOSAMENTE, COSTUROU O SAPO.

O MALANDRO, QUE ESTAVA DESMAIADO, ACORDOU ASSUSTADO, AGRADECEU AO URUBU E SAIU CORRENDO, PULANDO.

— FESTA NO CÉU, NUNCA MAIS! — GRITOU O SAPO SEM OLHAR PARA TRÁS.

DIZEM QUE É POR ISSO QUE O SAPO TEM O CORPO ACHATADO E TODO REMENDADO.

POR DENTRO DA HISTÓRIA

1. RESPONDA **SIM** OU **NÃO**.

A) SOMENTE AS AVES FORAM CONVIDADAS PARA A FESTA?

◯ SIM ◯ NÃO

B) O SAPO TAMBÉM FOI CONVIDADO?

◯ SIM ◯ NÃO

C) O SAPO TINHA UM PLANO PARA IR À FESTA?

◯ SIM ◯ NÃO

D) O URUBU OFERECEU CARONA PARA O SAPO?

◯ SIM ◯ NÃO

E) NO FINAL, O URUBU FICOU COM PENA DO SAPO?

◯ SIM ◯ NÃO

2. **ASSINALE COM UM X A RESPOSTA CERTA.**

O SAPO FOI PARA O CÉU ESCONDIDO:

◯ NA VIOLA. ◯ NA SACOLA. ◯ NO VIOLINO.

3. **ESCREVA UMA FRASE QUE CONTE O QUE O SAPO ESTÁ FAZENDO.**

....

....

....

4 DE ACORDO COM O TEXTO, POR QUE O SAPO TEM O CORPO CHEIO DE REMENDOS? DEPOIS DESENHE UM SAPO DO JEITO QUE SOUBER.

....

....

5 MARQUE UM **X** NA FRASE QUE DESCREVE O QUE O SAPO ESTÁ FAZENDO.

- ◯ O SAPO ESTÁ INDO PARA A FESTA.
- ◯ O SAPO ESTÁ SE ESCONDENDO DENTRO DA VIOLA.
- ◯ O SAPO ESTÁ SE DIVERTINDO NA FESTA.
- ◯ O SAPO ESTÁ CAINDO DO CÉU.

6 PINTE DE AMARELO O NOME DOS ANIMAIS QUE APARECEM NA HISTÓRIA. DEPOIS, COPIE O NOME DELES.

COELHO	SAPO	CACHORRO	ABELHA	ZEBRA
RATO	URUBU	BORBOLETA	ELEFANTE	TATU

....

....

7 FAÇA UMA LISTA COM CINCO NOMES DE ANIMAIS QUE NÃO VOAM. DESENHE ESSES ANIMAIS EM UMA FOLHA DE PAPEL.

....

....

....

....

8 OBSERVE OS ANIMAIS ABAIXO E PINTE AS AVES.

9 LIGUE OS ANIMAIS AO NOME DELES.

URUBU

ABELHA

BORBOLETA

CAVALO

SAPO

MACACO

PASSARINHO

BESOURO

10 AJUDE O SAPO A CHEGAR ATÉ A FESTA.

11 LIGUE OS PONTOS DE 1 A 30 E DESCUBRA O INSTRUMENTO MUSICAL ONDE O SAPO SE ESCONDEU PARA CHEGAR À FESTA.

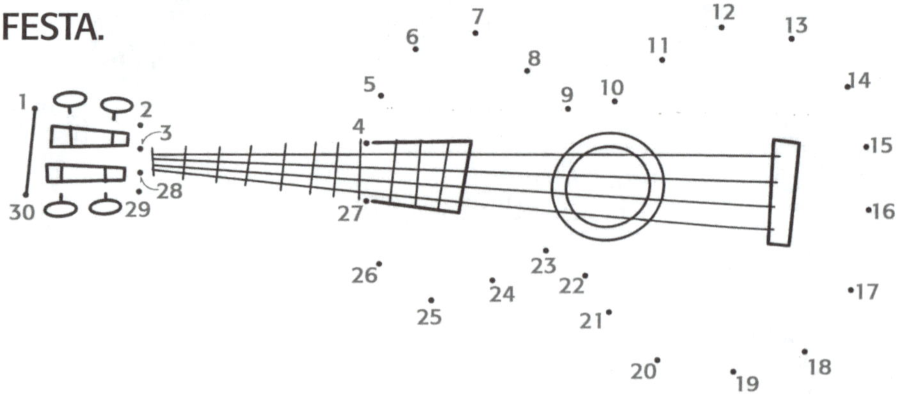

12 COMPLETE A CRUZADINHA COM AS PALAVRAS DO QUADRO.

SAPO	BESOURO	URUBU	BORBOLETA	TATU	ARARA

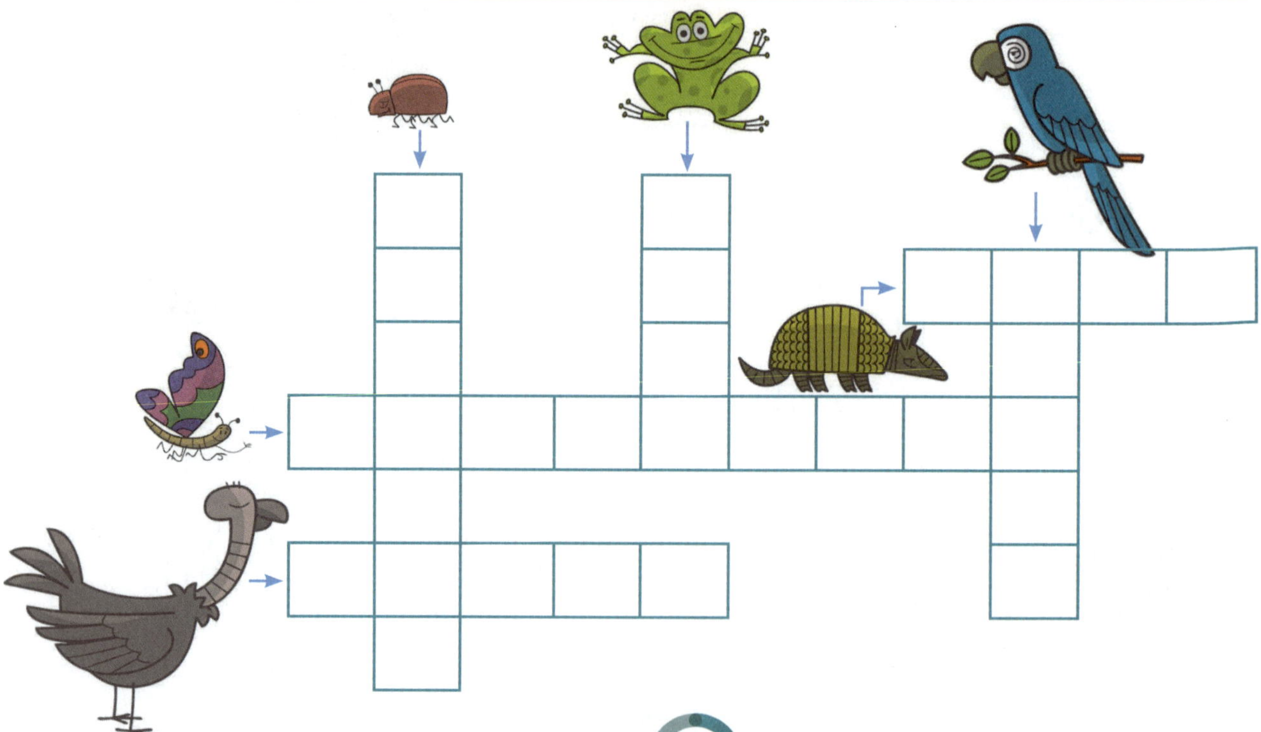